LA PRINCESSE TARAKANOVA

DANS LA MÊME COLLECTION

Volumes déjà parus :

JEAN DIWO

Les Dames du faubourg, Le Lit d'acajou, Le Génie de la Bastille, Les Violons du roi

LOUIS FRÉDÉRIC

Akbar, le Grand Moghol

DENYSE VAUTRIN

Les Cassettes d'Étienne Marcel

FLORENCE DUPONT

L'Affaire Milon, meurtre sur la voie Appienne

GUY RACHET

Catherine Sforza, la dame de Forli

PIERRE GASPARD-HUIT

L'Aigle de la Volga, Stenka Razine

GILBERT SINOUÉ

Avicenne ou la route d'Ispahan

FLORE-HÉLÈNE VOLDANE

La Patricienne

ÉLIANE AUBERT

Le Temps des cerises

CHRYSTINE BROUILLET

Marie LaFlamme

JEAN-PAUL DEMURE

La Concernade

GILBERT SINOUÉ

L'Égyptienne

Volumes à paraître :

MAURICE DENUZIÈRE

Saga européenne

CHRYSTINE BROUILLET

Marie LaFlamme (Tome 2)

RENÉ SUSSAN

Le Pape de l'an mil

Edvard Radzinski

LA PRINCESSE TARAKANOVA

roman
traduit du russe

Denoël

73-75, rue Pascal, 75013 Paris
ISBN. 2.207.23802.4
B.23802.7

1.

LES VIEILLES DEMEURES DE MOSCOU

Renom de nos languissantes aïeules;
demeures du vieux Moscou, qui disparaissez
des antiques ruelles l'une après l'autre...

MARINA TSVETAÏEVA.

Ils se dissimulent au fond des ruelles tortueuses du vieux Moscou, les vénérables palais du XVIIe siècle. Majestueux et pitoyables, mais coincés entre des immeubles en béton qui les surplombent de leur moderne mépris, ils exhibent leurs colonnes de stuc écaillé, leurs frontons écornés, leurs métopes ravagées où dansent d'un pas immobile en battant de leurs ailes brisées des génies manchots. Tels des lambeaux de rêve accrochés aux dures arêtes de notre monde de progrès, ils survivent discrètement à leurs splendeurs oubliées.

Derrière des grilles rouillées et tordues, le passant les aperçoit, mal dissimulés par la ramure malade des arbres séculaires. Il devine que leurs murs épais abritent des salons frais et ombreux, aux boiseries ornées de motifs géométriques, et dotés de plafonds peints de scènes mythologiques ou bibliques inscrites dans de grands panneaux circulaires couronnés de stuc; il soupçonne des poêles en faïence, demi-ronds et encastrés dans la maçonnerie; il imagine des couloirs étroits débouchant sur des cabinets secrets pleins de mystères endormis.

Dans ma jeunesse, j'ai vécu dans un palais semblable. L'hiver, pendant que la neige tombait silencieusement, à l'heure où meurt le jour gris, j'aimais à me calfeutrer dans cette antique demeure. Je m'installais de préférence dans une pièce minuscule, où il n'y avait de place que pour une table, une chaise et un chiffonnier aux nombreux tiroirs. Aux murs, quelques gravures anciennes jaunies et gondolées sous leurs verres poussiéreux. Je posais avec précaution *le chandelier* sur la table. Ce n'était point un chandelier ordinaire. Comment était-il parvenu jusqu'à mes mains de tout jeune homme? À combien d'incendies, de guerres, de révolutions, de drames domestiques ou civils avait-il survécu? Et comment ma famille en était-elle devenue légitime propriétaire? Quelle aïeule l'avait tenu de ses mains usées avant de le léguer à quelque lointain parent que je ne connus jamais?

C'était un lourd objet de bronze très ouvragé, façon rocaille. Il avait été conçu pour trois bougies se consumant à la fois. Mais nous étions dans l'usage de n'en allumer qu'une seule. L'ingénieux artisan avait prévu un effet de convergence de la lumière des trois flammes dans un écran cerclé de laiton qu'une main de bronze rattachait au corps du chandelier. Il conférait une sorte d'aura à une lumière qui me semblait apporter à mes veilles quelque chose de plus que la simple lueur fumeuse d'une bougie... Et en effet, je me plaisais souvent à éteindre l'électricité pour le seul plaisir de voir danser des ombres furtives sur le plafond et sur les cimaises de l'humble réduit qui me servait de cabinet de lecture.

Il arrivait alors qu'une image mouvante se dessinât sur la surface de l'écran. Un soir, sur ce miroir apparut, assise près d'une cheminée flamboyante, une jeune beauté en costume d'autrefois. Elle regardait avec une attention extrême une petite cuvette en argent remplie d'eau, posée à ses pieds. De minuscules vaisseaux portant chacun une bougie allumée voguaient dans ce tout petit bassin.

C'est une vieille façon de prédire l'avenir qui se pratiquait jadis à Venise. Ce jour-là, les bougies flottantes s'étaient prononcées sur le sort de la jeune femme. Ah ! si elle avait pénétré le sens de l'oracle !... Combien plaisant était son visage sur le disque d'argent. La tête penchée d'un air languide, les cheveux défaits, elle considère l'eau scintillante. Les bougies voguent sur leurs minuscules esquifs. Et les flammes incertaines vacillent...

Elle sut pourtant séduire les plus brillants esprits de son siècle. Marie-Antoinette enviait sa beauté. L'hetman Oginski [1], homme audacieux et romanesque, tout comme le puissant duc de Limbourg, fut à ses pieds. Le plus fastueux des don Juans de France, le duc de Lauzun, n'hésita point à lui déclarer sa flamme ; et le comte Alexis Orlov ne demeura pas en reste.

Du temps que j'habitais cette vieille demeure, je rassemblais miette à miette tout ce qu'il subsistait d'elle. Et tandis que je déchiffrais les lettres à demi consumées par le temps que ses amants – aujourd'hui fine poussière – lui avaient envoyées, il m'arrivait de murmurer à leur suite leurs paroles passionnées : « Lumière de mon âme, vos yeux sont le centre de l'univers... » « Vos lèvres sont ma religion, vos sourires des rayons de soleil... » « Puissent vos bras délicats devenir un lierre de tendresse... » Tel est le lot des êtres humains : notre chair s'épuise, se décompose, disparaît ; et ne demeure que le souvenir de la passion. Comme une ombre qui lentement s'estompe dans l'éternité.

1. Michel Cléophas Oginski, homme politique et musicien polonais, né à Guzow en 1765, mort en exil à Florence, en 1833.

Et, de plus en plus souvent, je crus voir..., je vis..., je revis... L'antique demeure moscovite en vint à s'estomper, comme dans une brume de souvenirs entremêlés, pour faire place à la vision de Saint-Pétersbourg, de sa nuit blanche, de la flèche dorée de la forteresse impitoyable... La baie de Cronstadt... Les silhouettes des frégates dans la lumière translucide de l'aube...

2.

LA FEMME QUE VOUS SAVEZ

Le plus invraisemblable de cette histoire, c'est qu'elle est vraie.

GIACOMO CASANOVA.

Qui n'a point vécu au XVIIIe *siècle n'a point vécu du tout.*

TALLEYRAND.

À la fin de mai 1775, l'escadre russe de la Méditerranée rejoignit Cronstadt. Bien que les équipages n'eussent point été chez eux depuis fort longtemps, tout le monde fut consigné à bord. C'était que l'impératrice Catherine II avait adressé un ordre spécial au prince Golitsyne qui gouvernait la ville de Saint-Pétersbourg : « Le contre-amiral Graig [1], qui rentre de la rade de Livourne avec son escadre, détient à son bord sous bonne garde *la femme que vous savez.* Ordre a été signifié au contre-amiral de ne la livrer à personne sans mon autorisation expresse. Je désire que vous... »

Dans la nuit du 24 au 25 mai, au palais du prince, la fenêtre de son cabinet de travail était encore allumée. Tassé dans son fauteuil, le prince Alexandre Golitsyne examinait la physionomie du jeune capitaine du régiment Preobrajenski, Alexandre Tolstoï. Dans un coin de la pièce, on avait disposé un énorme lutrin sur lequel trônait un exemplaire des Évangiles.

1. Amiral écossais au service de la Russie (1736-1788).

En soulevant son corps pesant, le prince agita une clochette d'argent. Une petite porte latérale s'ouvrit, et un prêtre revêtu de ses ornements sacerdotaux entra d'un pas solennel, tout en exhibant une grande croix orthodoxe en argent filigrané.

– Tu vas prêter serment, Alexandre Matveitch, dit le prince au capitaine.

– Je jure de taire éternellement ce qu'il me sera donné de voir ou de faire par la mission qui m'est aujourd'hui confiée..., proféra le jeune Tolstoï.

– Bien. Tu feras également jurer tes hommes. Tu entends? Explique-leur bien que si jamais une seule âme apprend de quoi il s'agit, la punition sera sans pitié. Vous embarquerez pour Cronstadt de nuit. Et tu reviendras avec *elle* à la forteresse... Avec *elle*, également de nuit. Et que pas une âme... Que pas une âme...

– Je vous entends, Excellence. Je vous entends parfaitement.

Cette même nuit, une embarcation portant le capitaine Tolstoï et six hommes de son régiment accosta tous feux éteints le vaisseau amiral *Trois-Évêques*. À terre, tant à Pétersbourg qu'à Cronstadt, tout le monde dormait. Le contre-amiral Samuel Graig conduisit lui-même Tolstoï et ses hommes dans une cabine assez vaste. Là il dit en français, car la langue russe ne lui était pas familière :

– Vous et vos hommes, capitaine, vous passerez toute la journée de demain enfermés dans cette cabine. Tel est l'ordre de notre souveraine. Vous ne verrez personne de mon équipage ; et à plus forte raison, ne parlerez à personne. Ce ne sera qu'après le couvre-feu...

La nuit du 25 au 26 était particulièrement noire. Le pont se trouvait plongé dans une obscurité totale. On y amena deux femmes et quelques hommes de leur suite. L'une des femmes était vêtue d'une cape noire munie d'un capuchon qui lui dissimulait le visage. Graig la prit à part :

– Madame, j'insiste, dit-il en italien, j'insiste pour que vous ne découvriez point votre visage ni n'adressiez la parole à qui que ce soit jusqu'à votre arrivée à destination. Je crois de mon devoir de vous avertir qu'en désobéissant vous ne feriez qu'aggraver votre situation...

La femme haussa les épaules et, sans même attendre la fin de l'admonestation, elle se dirigea vers le bastingage. On l'assit dans un fauteuil suspendu à des cordages, comme une nacelle, et on la déposa doucement dans l'embarcation. L'amiral l'aida de son mieux, en personne, et en manifestant toutes les marques d'un respect dû à un personnage de haut rang.

L'horloge de la forteresse Pierre-et-Paul sonna deux coups au moment où la nef accosta silencieusement la muraille de granit. Le maître des lieux, Andrei Tchernychev, général-major et commandant en chef de la forteresse était venu accueillir l'embarcation. La femme à la cape noire regardait en silence les parois de granit et, tout en haut, se découpant dans le ciel obscur, l'impitoyable flèche d'or. On répartit les prisonniers dans diverses casemates du ravelin Alexis. Quelques portes claquèrent, quelques verrous cliquetèrent; puis le silence tomba. Comme si rien ne s'était passé.

Le commandant Tchernychev introduisit solennellement la femme dans un appartement assez vaste comprenant trois pièces claires et surtout *sèches*, ce qui est rare dans cette forteresse dont les murailles sont souvent battues par les crues de la Neva. C'était sa fierté, ce local exclusivement réservé aux détenus les plus éminents. La prisonnière ôta sa cape et, de ses yeux fendus en amande, elle jeta un regard rageur au commandant.

– De quel droit a-t-on eu l'audace de m'arrêter? s'écria-t-elle en italien.

– Mais Madame... je ne sais pas... je ne sais rien. Je ne fais qu'obéir aux ordres... bredouilla Tchernychev avant de se retirer précipitamment.

À l'aube du 26 mai, le prince Golitsyne sortit de son lit pour entendre de la bouche même du capitaine Tolstoï le rapport sur la mission secrète qu'il lui avait confiée. Puis il se laissa choir dans son fauteuil, très solide, devant sa table de travail, et il écrivit :

« Très Gracieuse Majesté,

« La femme que vous savez et sa suite composée de deux Polonais, ses serviteurs, et d'une servante, ont été incarcérés ce jour, à deux heures du matin, sous bonne garde, dans des cellules préparées à leur attention, au ravelin Alexis, sous la responsabilité du général-major Tchernychev, commandant en chef... »

Trente mois plus tard, dans la nuit du 4 au 5 décembre 1777. Il fait un froid glacial aux abords de la forteresse Pierre-et-Paul. Il est minuit. Tchernychev conduit vers un petit tertre six soldats qui portent, les uns un cercueil en bois de sapin blanc, les autres des pics et des pelles. A la lumière des flambeaux que le vent malmène, et avec bien du mal, les soldats creusent la terre gelée.

– Allez-y plus gaiement! crie de temps à autre le commandant, en réchauffant ses doigts à la chaleur des flambeaux.

Après bien des efforts, et en maugréant sur la dureté de leur condition, les soldats montrent une fosse réglementaire. Tchernychev l'éclaire de son flambeau et se déclare satisfait.

Les soldats font descendre le cercueil et jettent hâtivement des mottes de terre dure qui heurtent les planches de bois avec un bruit sec, comme feraient autant de pierres. Tandis qu'une neige épaisse se met à tomber, le commandant en chef, avant de retourner se coucher, rédige son rapport :

« Dieu a repris la femme que vous savez. Le cinq du mois courant, dans ce même ravelin Alexis, le même détachement qui assurait sa garde l'a confiée à la terre. Serment ayant été fait de garder le silence le plus strict sur ce secret, j'ai décidé de maintenir dans les lieux les personnes qui composaient la suite de cette défunte femme. Et cela à titre définitif, à moins qu'ordre contraire ne m'en soit donné... »

Au matin, quand le commandant se réveillera, il ne restera aucune trace sur le tertre tout blanc qui jouxte le ravelin Alexis.

3.

ORLOV LE BALAFRÉ

Je ne lui aurais confié ni ma femme ni ma fille, mais j'aurais pu accomplir de grandes choses avec lui.

COMTE FEDOR GOLOVKINE,
Portraits et souvenirs.

Voici que trente années ont passé, jour pour jour. Ce matin du 5 décembre 1807, dans son palais de Nieskoutchny [1], le comte Alexis Grigorievitch Orlov attend comme chaque dimanche une troupe de chanteurs et de danseurs populaires. Il est bien vieux, à présent, le comte Orlov-Tchesmenski. Soixante et onze ans. Le corps lourd, le dos voûté, énorme, monstrueux, revêtu d'une casaque de brocart d'or. Il erre lentement dans les enfilades interminables de ses appartements déserts et glaciaux. Il s'arrête devant un tableau qui représente en pied un homme encore jeune, de belle mine, la poitrine barrée de croix, de cordons et de médailles, le ruban de Saint-André en travers de l'épaule. Le tout sur fond de navires en flammes.

Les vaisseaux de l'escadre turque lors de la bataille de Tchesme. Comme ils brûlent bien les voiliers au Croissant, là, sur le portrait... Et comme c'est loin, tout cela... 1770. Quelle puissance, alors! Même

1. Équivalent de « Monplaisir ».

l'ambassadeur de France notait, quelques années plus tard : « Alexis Orlov est le chef du parti qui a installé Catherine II sur le trône. Son frère, Grigori, est l'amant de l'impératrice ; c'est un très bel homme mais, à ce qu'on dit, naïf et sot... Alexis est, pour l'heure, le personnage le plus important de Russie. L'impératrice le respecte, le craint et l'aime. On peut le considérer comme le véritable maître de la Russie. »

Passé. Rien que du passé, tout cela ! Passé aussi le temps des courses de trotteurs que le comte organisait devant son palais, sur l'étendue neigeuse[1] ; et passé celui des concours de pugilat entre les élèves de l'Académie slavonne-gréco-latine et ceux de l'université... Comme l'a dit si justement un poète de Cour : « Respirant tout ce qui est russe, il (le comte) aime jusque dans son grand âge les distractions populaires. » Et c'est pour ne point faire mentir le poète qu'aujourd'hui encore, par ce clair temps de gel, on se prépare à accueillir les *troïkas* de baladins et de tsiganes.

L'énorme dos de scarabée doré se retourne et, devant le portrait du beau jeune homme, apparaît le visage ridé et flasque d'un vieillard emperruqué. Un serviteur s'approche qui, d'une main tremblante, poudre un côté de la perruque au moyen d'un pinceau. D'un pas traînant, Alexis poursuit sa marche. Depuis quelque temps, le comportement du comte est étrange. Il divague, il parle tout seul ou semble s'adresser à des personnages invisibles qui peuplent chaque jour davantage ses appartements. Il a entrepris de se mettre en frais de coquetterie, comme s'il prenait à cœur, à son âge, de séduire un fantôme. Actuellement, il a imposé à ses domestiques un rituel extravagant. Chaque matin, il parcourt lentement

1. Les Orlov ont effectivement sélectionné une lignée de trotteurs dont la réputation demeure encore vivante à notre époque.

toutes les pièces de son palais; de place en place, des serviteurs disposés sur le parcours s'approchent à tour de rôle et enfarinent à coups de pinceau telle ou telle partie de la perruque comtale. Quand Alexis a terminé sa ronde de propriétaire, sa perruque est à point, estime-t-il.

Revenu dans l'antichambre qui jouxte le salon d'honneur, le comte tombe en arrêt devant sa propre image que lui renvoie une immense glace murale. « Que les miroirs sont sans pitié! » se dit-il en examinant son visage ridé et l'affreuse cicatrice qui le barre sur toute sa longueur. Ses courtisans la nomment « signe de la hardiesse devant la mort »; certains racontent qu'il l'a rapportée du palais de Ropcha où il a étouffé l'empereur déchu; d'autres affirment qu'il l'a reçue d'un de ses quatre frères au cours d'une querelle d'ivrognes. Quoi qu'il en soit, pour le distinguer de ces derniers, on le surnomme *Orlov le Balafré.* Alexis sourit à son image, et murmure : « Bah! Ne ferai-je point bonne figure au bal, tout à l'heure? »

Un petit vieillard en uniforme et portant la médaille de Tchesme, qui se tenait appuyé contre un bahut sculpté de Hotin, s'étonne d'une manière familière.

– Quel bal, Votre Splendeur? Nous ne préparons aucun bal aujourd'hui.

– Si si! Lorsque les tsiganes et les baladins arriveront, laisse-les entrer dans la salle de bal. *Elle* aimait tant la gaieté, les fêtes, les danses...

– Mais nous ne sommes qu'au matin, s'étonne le vieux militaire.

– Taratata! Ne sommes-nous point le 5 décembre? C'est *son* jour... Tu sais bien, Izotov, que chaque année, ce jour-là, *elle* vient me voir au bal; et que nous ouvrons ensemble la première danse... Je l'attends aujourd'hui aussi... Ah! qu'elle aimait le bal!

– Que dites-vous là, Votre Splendeur!

Le comte pose sur le petit vieux un regard courroucé. La raison lui revient.

– Sergent Izotov, une pomme! Tout de suite.

Le petit vieillard sourit. Il aime cette plaisanterie. Trente-huit ans auparavant, le sergent Izotov avait intercepté de son corps une balle qu'un ennemi destinait à bout portant à la poitrine du comte. Après la bataille, Alexis était venu voir tous les jours le soldat gisant sur son lit d'hôpital, et pour le distraire il lui disait : « Sergent Izotov, une pomme! Regarde ce que je fais d'une pomme!... » En clignant des yeux, il sort de dessous sa houppelande une pomme rouge. Le comte s'en saisit et, en grimaçant, l'écrase entre deux doigts. Puis il sourit béatement.

– Une pomme, allons donc, Votre Splendeur! Vous qui assommiez un bœuf d'un seul coup de poing...

– Ah! Ah! Un bœuf! s'esclaffe l'homme à la cicatrice tandis que ses yeux fous se tournent vers les motifs mythologiques du plafond peint, et qu'Izotov se signe frénétiquement. Un bœuf! Et Pierre III, hein? L'empereur? D'un seul coup, que je l'ai...

Alexis se passe la main sur le visage comme pour en écarter une toile d'araignée. Il murmure : « Mais que faisons-nous ici? Nos invités sont sûrement arrivés. » Il se dirige vers le salon d'honneur et ouvre grands les battants de la porte. Puis il s'incline très bas.

– Petite Mère Souveraine, tu viens voir ton esclave... Nous parlions justement de ton époux trucidé... et de *la personne que tu sais...* que...

Sans achever sa phrase, il s'incline à nouveau.

– Et voici M. le Consul d'Angleterre, sir Dick, avec sa très ravissante épouse... Cet Anglais a beaucoup contribué à la capture de *la personne que tu sais,* Petite Mère... Et voici M. l'Amiral Graig... Grand fut son mérite dans *l'affaire que tu sais.*

Le comte se tient seul dans la vaste salle déserte ; il multiplie les courbettes cérémonieuses et les soliloques pour accueillir dans sa solitude une époque défunte. Derrière lui, Izotov se désole : « Mais Votre Splendeur... Voyons... Votre Splendeur... » Le comte ne l'entend pas. Il vient de *la* voir qui entre, d'un pas altier. *Elle.*

Comme jadis sur le bateau, elle porte une longue cape noire, au capuchon baissé sur son beau visage. Alexis laisse échapper un râle et tombe à la renverse sur son parquet précieux.

Aux cris d'effroi d'Izotov, les serviteurs accourent. On transporte le comte dans sa chambre au moment où les musiciens et les danseurs arrivent. On les chasse. Le comte se meurt. Il se meurt difficilement. Dans les tourments de son lourd passé. Il gît sur son lit dont le ciel est décoré du « Triomphe de Minerve », une allégorie signifiant le triomphe de Catherine II sur les Turcs. Le mur d'en face est occupé par un portrait en pied plus grand que nature de l'impératrice portant sceptre et couronne. Sur la table de chevet est un médaillon en or, en forme de cœur et serti de diamants. Le visage qui y sourit est encore celui de l'impératrice. Trois personnes seulement, dans toute la Russie, ont le droit de posséder ce bijou : lui et les deux favoris de la souveraine, Grigori Orlov et Grigori Potemkine. Mais pour l'heure, ce privilège insigne a bien peu d'importance. Le vieil homme entouré d'effigies impériales se meurt dans son lit.

Par moments, il perd conscience. Alors, curieusement, il revoit son grand-père, le fondateur de la lignée des Orlov. « Je n'ai pas toujours été vieux, mon petit, dit l'auguste vieillard. En mon temps, je fus jeune, hardi, vaillant et querelleur. C'était pour cela qu'on m'avait surnommé L'Aigle [1]. Quand

1. Étymologiquement, Orlov signifie : de l'Aigle.

Pierre Ier monta sur le trône, nous autres, les *streltsy* [1], nous fomentâmes une grande révolte contre lui. Mais nous fûmes moins forts que ce prince; et l'on nous condamna à poser nos têtes sur le billot.

« Et en effet, j'allais y poser la mienne... Celle du strelets qui m'a précédé traîne près du billot, je l'envoie rouler d'un coup de pied, comme un ballon. Le bourreau, fatigué, m'attend, la hache à la main. Le rire aux lèvres, je m'agenouille devant le billot. Au spectacle d'une telle intrépidité, le tsar arrête la hache qui allait tomber, et me gracie. Rappelle-toi, mon petit, qu'il faut espérer jusqu'au bout et ne jamais craindre la mort. Cela se passait en 1689. »

Ah! le rude aïeul que le grand-père Orlov! Sur son lit d'agonie, il avait convoqué ses cinq fils, cinq gaillards de la Garde impériale. « Vous voilà, chenapans! avait tonné le vieux. Je vous vois là comme les doigts d'une main. Aussi dissemblables mais aussi unis. Prenez garde de ne point vous laisser arracher à l'affection que vous vous devez mutuellement. Toi, Grigori, tu es le plus beau; ce sera par les femmes que tu te maintiendras en cour. Mais prends garde : c'est une voie d'autant plus dangereuse que la pente en paraît douce! Toi, Alexis, qui te donnes en spectacle en assommant des bœufs d'un coup de poing pour amuser les courtisans, tu es le plus fort, incontestablement; mais aussi le plus violent. Efforce-toi donc à la prudence, elle te fait trop défaut. Heureusement qu'Ivan, votre aîné, en a à revendre, lui, de la prudence et de l'habileté. Il est le plus malin d'entre vous. Et si quelque jour vous vous trouvez en difficulté, soyez assez avisés de le consulter avant que

1. Institué en 1545 par Ivan le Terrible, le corps des *streltsy* (arquebusiers) constituait la garde des tsars. Constant appui des forces conservatrices, elle présenta en plusieurs occasions un réel danger pour les empereurs; aussi Pierre le Grand choisit-il de l'exterminer en 1689. Une nouvelle révolte amena sa dissolution définitive en 1705.

d'entreprendre quoi que ce soit pour vous tirer d'affaire. Quant à Vladimir et Fiodor, les benjamins, Dieu fasse qu'ils vous demeurent dévoués en tout, comme à présent. Faites en sorte de n'avoir jamais à vous cinq qu'une seule âme et qu'une seule tête et que cette tête soit plutôt celle d'Ivan que celle d'Alexis ou de Grigori... Tant que vous saurez écarter d'entre vous la discorde, personne ne pourra vous briser. »

Le comte rouvre les yeux. Au plafond, trône l'impératrice, souriant. Il murmure, désabusé : « Toi seule parvins à nous briser... »

Cela avait commencé quelques lustres après qu'Elisabeth fut montée sur le trône à la faveur du soulèvement de 1741. Toujours des soulèvements ou des complots pour les successions, en Russie... Celui-ci s'était fomenté de nuit. Aussi, depuis, Elisabeth, précautionneuse, dormait le moins possible la nuit... Pétersbourg se voyait condamné à danser; à danser presque jusqu'au petit matin. Le bal. Des bals. Que de bals! Ce fut ainsi que, tout jeunes officiers de la Garde, les frères Orlov s'étaient fait remarquer par la grande-duchesse Catherine...

Un matin que sortant du bal, ils passaient tous les deux devant l'église de la Résurrection des Barachy, Grigori avait dit : « C'est ici, dans cette église qu'a eu lieu le mariage secret de notre impératrice Elisabeth avec Razoumovski. Peut-être qu'on y célébrera un jour mon mariage avec Catherine... Mais ce ne sera pas en secret... » Cet espoir avait ulcéré Alexis. Il n'avait su contenir sa fureur; et se tournant d'un air haineux vers son frère il avait hurlé :

– Non! Elle est pour moi! C'est moi qu'elle aime. Elle m'aime à la folie! Elle fera tout ce que je lui dirai...

– Ah! avait répondu Grigori en le regardant d'un air froid. Ma parole, tu es le diable en personne!

Lorsque Elisabeth mourut, Catherine, épouse du successeur, Pierre III, tout en versant d'abondantes larmes sur le cercueil, entrevit tout de suite la précarité de sa situation : Pierre III allait s'entourer d'une foule d'intrigants allemands au détriment des féaux russes qui avaient intronisé la souveraine défunte; il préparerait au profit de la Prusse et contre la France un renversement d'alliances; et surtout, son mari, qui la haïssait, ne manquerait pas de la faire enfermer dans quelque couvent de Souzdalie afin de pouvoir se remarier avec sa maîtresse bossue... Et à cela, toute Allemande née d'Anhalt-Zerbst qu'elle fût, la femme en titre du nouvel empereur entendait ne point se résigner. Un coup de force devenait nécessaire, les frères Orlov étaient de taille à le tenter. À leurs risques et périls, bien entendu. Si jamais ils échouaient, l'échafaud serait leur lot; Catherine, elle, ne serait au courant de rien...

C'est que la partie serait rude entre elle et son mari. Il y avait ce Perfiliev, notamment, l'aide de camp que l'empereur semblait avoir commis à la surveillance des Orlov. Heureusement, c'était un joueur invétéré. Le beau Grigori jouerait donc contre lui toutes les nuits; et... perdrait, bien entendu. De la sorte, Perfiliev serait content, et l'empereur tranquille : nous passons nos nuits à jouer aux cartes, Majesté. Or n'est-ce point la nuit que s'ourdissent les complots?

Malgré tout, il ne fallait pas traîner. Et pas seulement parce que Grigori se lamentait de ce qu'il allait y laisser sa fortune... Par une nuit de mai, on jouait grand jeu à la caserne de la Garde. Perfiliev était en forme et paradait, cartes en main, devant les officiers du régiment Ismaïlovski. Soudain, Alexis, hilare, entra dans la salle et fit signe qu'il voulait parler à son frère. Le prenant à part, il l'informa tout bas que le bruit courait que le capitaine Passek, du régiment Preobrajenski venait d'être arrêté, sur ordre de l'empereur.

– C'est un bruit qui court, poursuivit Alexis. Cela pourrait signifier que le complot a été éventé. C'est le moment d'agir. Maintenant ou jamais. La fortune est dans notre camp : l'empereur se trouve à Oranienbaum ; il y joue du crincrin et se soûle tant et plus. Catherine est seule à Peterhof. Il ne reste qu'une chose à faire : l'amener à Pétersbourg et la faire proclamer impératrice à Notre-Dame-de-Kazan...

– Prends garde, fit Grigori en désignant discrètement Perfiliev. Il nous épie.

– Je le vois bien... Tu vas retourner à la table, continuer de jouer... Et fais-le boire à mort. Moi, je pars immédiatement pour Peterhof. Attends-moi à l'aube à la verste cinq d'ici, avec des chevaux frais.

– Alors, adieu, mon frère. À notre prochain revoir : soit au palais, soit sur l'échafaud...

– Oui ! Ce serait alors que j'enverrais un fier coup de pied dans ta tête détachée de crétin !

En retournant à la table de jeu, Grigori s'écria à la cantonade : « Mon frère, qui ne pense qu'à ça, me propose une aventure galante des plus divertissantes. Mais moi..., moi, comme toujours, je préfère le jeu.

– Et moi les dames ! s'exclama en riant Alexis au moment de sortir. Souhaitez-moi bonne chance, messieurs, auprès de ma dame...

Dans un carrosse attelé à six, il était parti aussitôt pour Peterhof, dans la claire nuit de juin. À côté du véhicule, chevauchait le capitaine Vassili Bibikov. Deux hommes seulement, trois avec le cocher, pour effectuer un coup d'État ! Ni la grille du parc ni l'entrée principale du palais de Peterhof n'étaient gardées. Non plus que le pavillon de Monplaisir où logeait Catherine.

– Sommes-nous bêtes ! s'exclama Alexis. Le palais n'est pas gardé ; c'est elle qui a fait lever les sentinelles... Et c'est elle qui a fait courir le bruit que Passek était arrêté sous l'inculpation de complot...

Tout ça pour nous obliger à agir. À agir quand elle l'estimait bon; à agir à sa convenance. Quant à elle, elle n'y est « pour rien », bien entendu. Sûr qu'en ce moment elle fait semblant de dormir tout à fait paisiblement. Si jamais le complot échoue, elle dira que nous l'avons enlevée de force. Tout simplement. Ah! quelle diablesse, cette Catherine!

Il fit le tour du pavillon jusqu'à une porte dérobée. « Si je ne me trompe, cette petite entrée ne devrait pas être fermée. » Il la poussa. Elle s'ouvrit sans peine. Il laissa Bibikov dans le minuscule vestibule et gravit les marches étroites d'un petit escalier taillé dans l'épaisseur du mur. Il atteignit le boudoir de Catherine. Une belle robe lamée d'or était étalée sur un fauteuil. « Tiens! On attend pour aujourd'hui une visite de l'empereur. On a préparé la robe... Je doute que vous trouviez quelqu'un, Petit Père de toutes les Russies... » Il entra dans la chambre. Avec grande conviction, Catherine faisait effectivement semblant de dormir. Il frappa bruyamment dans ses mains. Elle ouvrit les yeux et simula l'étonnement.

– Il est temps de vous lever! dit durement Orlov. Ne savez-vous point que tout est prêt pour votre proclamation?

– Ma proclamation? Quelle proclamation?

Le ton était juste, mais elle en faisait trop... Il répliqua d'une voix irritée:

– Il est cinq heures du matin. Il paraît que Passek a été arrêté. Nous n'avons point de temps à perdre! Et il ajouta après une brève pause: Daigne Votre Majesté impériale se lever.

Assise sur sa couche, elle ramena ses cheveux blonds en désordre, tendit ses bras potelés, et dit en riant: « Cinq heures, ce n'est pas si tard que cela... » Et alors...

Le comte ouvre péniblement les yeux. Sa tête lui fait mal. Au plafond, l'impératrice sourit. « Comme je te connais! murmure-t-il. Qui te connut jamais mieux que moi? Petite Mère souveraine. » En face du lit, un peu à gauche sur le mur, il y a une grande aquarelle avec une inscription en français : *Départ de Peterhof, le 27 juin, 1762.* C'est un artiste anglais, Kerstner, qui l'a peinte. Pour nous deux; pour que ce jour reste à jamais gravé dans notre mémoire...

Devant Notre-Dame-de-Kazan, la foule s'était rassemblée. Passek, Bibikov et les frères Orlov avaient répandu promptement la nouvelle. Catherine, en robe et voile noirs, gravit les degrés du porche de la cathédrale, entourée des Orlov et suivie de Kirilla Razoumovski, de Nikita Panine, de Passek et d'un grand nombre d'officiers de la Garde. Du haut des marches, Alexis se tourna vers la foule et proféra de sa voix tonnante :

– Acclamez votre nouvelle Mère autocrate de toutes les Russies, l'impératrice Catherine!

Alors la foule laissa éclater sa joie. Des dizaines de milliers de gosiers hurlaient des vivats et des « Longue vie à notre Petite Mère! » La Garde vociférait des « Hourras! » et les cloches sonnèrent à toute volée; puis le clergé apparut sur le parvis et l'on entonna des cantiques.

La suite avait été moins glorieuse. Surtout pour lui, Alexis.

Catherine lui avait ordonné d'arrêter son mari et de le tenir enfermé au palais de Ropcha. « Occupe-toi de lui, Alexis. C'est quand même mon mari. Il ne doit être privé de rien, sauf de liberté. Veille à ce qu'il ne souffre aucune offense. » Le despote de naguère s'était laissé faire aussi facilement qu'un enfant. Il avait l'air perdu et piteux. Les scélérats ne savent pas endurer le malheur avec dignité; ils ont l'âme faible. Il réclamait son chien, son singe et son violon. Pourquoi pas? Chaque soir, il voulait à tout prix jouer aux cartes. Pourquoi pas? Orlov passait ses veillées à jouer et à boire avec le souverain déchu. Dans la journée, celui-ci désirait se promener dans le parc. Mais cela, Alexis ne le lui accorda point : « Notre Petite Mère ton épouse ne veut pas que tu prennes l'air, ancien Petit Père. »

La chose se produisit dans la nuit du 6 au 7 juin. Le capitaine Bibikov, le prince Bariatinski et Volkov l'Artiste se tenaient dans la chambre, ce dernier un chandelier à la main. Au terme d'une soirée de beuverie, Alexis venait de déposer Pierre à moitié ivre sur son lit. Il s'était retourné pour lire, dans le regard de ses compagnons, la certitude qu'on allait être tranquille pour agir. « J'ai envoyé la garde à l'autre bout du palais », avait assuré Bibikov. Au même moment, Volkov avait laissé échapper le chandelier, et l'on s'était trouvé plongés dans l'obscurité. Pierre dut pressentir quelque chose. Il se mit à hurler à l'assassin, et glissa de son lit. Il y eut un tumulte. À tâtons, Bariatinski, Volkov et Alexis cherchaient l'empereur dans le noir, pendant que le capitaine tentait de rallumer les chandelles. Soudain Bariatinski s'écria : « Je le tiens ! » Orlov se rua dans la direction de la voix, se cogna violemment sur le coin d'un meuble, et rugit : « La gorge ! Nom de Dieu ! Prends-le à la gorge ! » Pierre geignait faiblement et se débattait sur le dos, une jambe en l'air. Orlov leva sur lui son poing terrible... Il y eut un hurlement aigu, étouffé, puis le souffle lourd de quelques hommes dans l'obscurité.

Le comte se retourne encore sur son lit. L'image de la victime, faible et pantelante, suffoquant et se débattant, la jambe ridiculement levée en l'air, obsède sa conscience. Il revoit à la lumière tremblotante du chandelier enfin rallumé le visage blême et déformé par la peur, les petits yeux déplaisants, agrandis par l'angoisse, la bouche molle et veule, tordue en une ultime supplication... Il murmure comme pour rassurer son âme en passe de comparaître devant le Grand

Tribunal : « Pardonne-moi. Pardonne-moi au nom du Christ. Ce n'est point un crime qui nous a séparés, non. Il nous est arrivé de nous revoir, n'est-ce pas? Quand la souveraine est morte et que Paul, son fils, est monté sur le trône à son tour. Son fils à elle. Pas le tien... Car toi-même tu ne croyais pas qu'il fût de toi. Paul Ier non plus, du reste. Ce fut bien pourquoi, à peine installé sur le trône, il se mit en devoir de prouver à la face de la Cour qu'il était ton fils légitime ! Et pour ce faire, il déploya mille signes trop ostensibles d'amour filial. »

Et voici le comte en proie à de nouvelles affres. Qu'il est dur de mourir en emportant de pareils souvenirs !

Cela se passait au palais d'Hiver, en 1796. L'empereur Paul avait convoqué le vieil Orlov ; il lui avait fait revêtir l'uniforme de général en chef. Un habit tout brodé d'or et barré du grand ruban de Saint-André. Alexis se tenait au garde-à-vous devant le nouveau souverain qui le regardait en silence, d'un air malveillant.

– Monsieur le Général en chef, sache qu'il nous plaît que soient transférés de la laure d'Alexandre Nevski à notre tombeau de famille impérial les restes sacrés de notre père, le souverain Pierre III, inoubliable bienfaiteur de toutes les Russies. Et que de la sorte notre père soit inhumé au côté de notre mère, son auguste épouse la souveraine Catherine II, de radieuse mémoire. La cérémonie de translation des cendres en grande solennité est pour demain. À toi, monsieur le Général en chef, à toi qui le secondas si courageusement jusque dans ses derniers instants, nous avons décidé de réserver l'honneur insigne de précéder le catafalque...

– Mais... mais... Votre Majesté..., bredouilla Alexis, sous le regard vengeur de Paul Ier.

– Devant le catafalque devra être portée la couronne impériale. Celle qu'on lui a ôtée... À toi, comte, à toi revient le rôle de la lui porter, cette couronne.

– C'est un... c'est un grand honneur, certes, Votre Majesté... Mais au cours... au cours de mes longs services... longs services tout dévoués à la souveraine et à la patrie, j'ai perdu... j'ai perdu la santé. Oui... voici que... que mes jambes se refusent... Et le chemin est long de la laure à...

– Tu la porteras! J'ai dit! hurla l'empereur en se dressant de dessus son trône et en lui tendant la couronne, posée sur son coussin de brocart.

Et les jambes portèrent sans trop tituber le comte Alexis Orlov qui soutenait la couronne devant toute la Cour assemblée. Alexis se répéta *in petto* : « Il croit que je le fais par peur et par soumission; mais moi, je sais que c'est par pénitence... Et peut-être, aussi, parce que je suis un esclave. »

De plus en plus mal à l'aise, le comte se retourne encore sur son lit en murmurant : « Oui. Au fond, je n'ai jamais été rien d'autre qu'un esclave. » Une voix de femme traverse le bourdonnement qui remplit ses oreilles.

– Qu'avez-vous, père? Vous parlez tout seul. Souffrez-vous? Mon Dieu, il en est au délire! C'est l'agonie qui s'avance. C'est la fin. Mon Dieu! Mon Dieu!

– C'est vous, Anna? Ma fille? Ne vous affolez donc pas. Faites plutôt venir mon fils Alexandre. Cette fois, je ne crois pas que je m'en relèverai.

Au plafond, l'impératrice sourit toujours. Voilà une consolation. Son sourire, le temps heureux d'autrefois, quand les Orlov étaient les maîtres de tout; quand ils entouraient, quand ils secondaient celle que Voltaire appelait « la Sémiramis du Nord »...

Un jour que nous étions, nous les cinq frères plus Nikita Panine et Kirilla Razoumovski, en compagnie de l'impératrice dans un petit salon du palais d'Hiver. Nous jouions aux cartes, tandis que sur un divan Catherine était aux petits soins pour Grigori qui s'était cassé la jambe en glissant sur le verglas. Elle lui tendait un verre de vin de Bordeaux sur un plateau d'argent. Mon frère le sirotait à petites gorgées. Tout à coup, il dit d'une voix tendre mais suffisamment forte pour que tous nous entendions :

– Que t'en semble, Petite Mère, aurais-je assez d'un mois pour te chasser du trône, si l'inspiration m'en prenait ?

Un silence lourd suivit ces paroles maladroites. Catherine devint blême ; ses lèvres tremblaient. Heureusement que Kirilla dit, tout en poursuivant la partie comme si de rien était :

– Peut-être, comte, mais il ne se passerait pas trois jours avant que nous ne te pendions haut et court.

Panine et Ivan se mirent à rire très fort ; et Catherine sourit d'un air mondain et faussement innocent. Elle dut comprendre alors que pour puissants que nous nous sentions, nous autres les Orlov, nous n'étions pas la seule force en face d'elle.

Le vieillard soupire sur sa couche et émet des gémissements qui inquiètent le sergent Izotov. Anna somnole dans un fauteuil. Elle a envoyé quérir Alexandre, son demi-frère.

« C'est comme l'affaire du mariage... », songe le comte. Ce benêt de Grigori était venu le trouver, un matin, tout triomphant.

– Ça y est, Aliocha ! Je l'ai vaincue. Elle va m'épouser. Te souviens-tu comme nous en rêvions, toi et moi ? Eh bien, c'est chose faite. Demain, elle envoie le prince Vorontsov chez le vieux Razoumovski. L'oukase est prêt.

– Un oukase ? Pourquoi un oukase ? Il faut un oukase pour se marier, à présent ?

– C'est que, vois-tu, il s'agit de rendre public le

mariage secret d'Alexis Razoumovski avec l'impératrice Elisabeth. Cela ouvrira la voie à notre propre mariage, comprends-tu? Elle dit qu'il faut un précédent... L'oukase ne fait rien d'autre, en substance, que de déclarer Majesté impériale la personne du vieux Razoumovski. Mais, voilà, tu sais que Vorontsov, Panine et Kirilla sont défavorables à ce projet de mariage, quoi qu'ils en disent devant nous. Je t'en prie, Aliocha, accompagne Vorontsov chez le vieux; accompagne-le. Je crains que s'il s'y rend seul... C'est que *nous* montons sur le trône, mon frère.

Vorontsov et Alexis s'étaient rendus au palais Anitchkov. Le vieux comte Razoumovski était assis près de la cheminée flamboyante. Il contemplait le feu, tout en feuilletant un Évangile.

– Nous sommes envoyés par la souveraine..., commença Alexis.

– Ne vous donnez point la peine, jeunes gens. Je sais la raison de votre visite, dit le vieil homme sans se lever.

Avec des gestes grandiloquents, Vorontsov déroula une feuille de papier ornée d'armoiries et de rinceaux coloriés.

– Voici le projet d'oukase par lequel l'impératrice vous confère le titre de Majesté impériale. En échange, vous devez me remettre les pièces relatives à un certain événement... La souveraine sait que les papiers concernant votre mariage secret avec feu Elisabeth sont en votre possession. Vous n'avez qu'à nous les remettre. Un point c'est tout! interrompit brutalement Orlov.

Razoumovski prit l'oukase des mains du prince; le parcourut des yeux, et le rendit en silence. Puis il se leva et marmonna : « Mon mariage secret... Oui. Les papiers de mon mariage secret..., oui, oui. » Il se dirigea vers une commode Louis XV sur laquelle reposait un coffret florentin en ébène incrusté d'argent.

D'un tiroir dissimulé, il sortit un rouleau de papier enrubanné de satin rose, pâli par le temps, qu'il dénoua et rangea soigneusement dans le tiroir. Toujours en silence, il relut les papiers. Ayant relu, il baisa les vénérables documents, se signa et, d'un geste brusque, les jeta dans les flammes.

– Malédiction ! s'écria Alexis, en contenant mal un mouvement de fureur.

Razoumovski se rassit tranquillement dans son fauteuil et dit enfin :

– Sachez, jeunes gens, que j'ai été le fidèle époux de Sa Majesté feu l'impératrice Elisabeth. J'entends être le serviteur dévoué de notre impératrice Catherine. Demandez-lui son indulgence pour moi, jeunes gens.

Le comte rouvre l'œil. Au plafond le sourire de l'impératrice semblait plus rusé. « Ah ! Sacrée rouée ! Tu savais que Razoumovski devinerait ton secret. C'est pour cela que tu m'as fait tenter cette démarche ? Pour pouvoir prétexter une fin de non-recevoir à cet imbécile de Grigori. » Il soupire douloureusement. « Après un tel affront fait à mon frère, je suis tombé malade ; j'ai même failli mourir de honte. Heureusement que, pour me tirer de mon inaction, tu décidas de me confier la flotte dans la guerre qui se préparait contre les Turcs. Me confier la flotte, à moi ! À moi qui n'avais jamais vu la haute mer et qui étais incapable de gouverner une chaloupe... Et pourtant, à bord du navire amiral *Les Trois-Évêques*, n'ai-je point refoulé l'escadre turque dans la baie de Tchesme, et incendié tous ses vaisseaux [1] ? »

Ce fut sur ce même navire qu'il vit arriver, une fois

1. En réalité, la victoire fut due à l'habileté du contre-amiral Elphinston (un Écossais au service de la Russie depuis 1768), commandant en second l'escadre russe, et qui suppléa à l'incapacité d'Orlov.

la guerre finie, Grigori revêtu d'une ahurissante casaque parsemée de pierreries.

– Figure-toi, Aliocha, que notre Petite Mère m'a envoyé ici pour discuter des conditions de paix avec les Turcs.

– Et tu l'as laissée à Pétersbourg? Au milieu de tous ses courtisans? Mesures-tu ton imprudence?

– Mon imprudence? Je suis tout pour elle. Il suffit que je pose la main sur son épaule pour qu'elle se pâme. C'est une femelle, je te dis. Il n'y a pas d'autre mot. Sais-tu bien comment elle m'a appelé, en m'expédiant ici? Ce qu'elle disait à travers ses larmes? « Un ange!... J'envoie l'ange de la paix à ces affreux Turcs barbus. »

Mais quelques semaines plus tard, Grigori reçut un pli cacheté aux armes de l'impératrice. L'ordre était clair. Se tenir éloigné de Saint-Pétersbourg. Le malheureux favori ne voulait pas le croire. Il ne voulait pas se rendre à l'évidence. À la fin de l'année (1772) Alexis fut convoqué dans la capitale. Catherine lui avait dit d'un air doucereux :

– J'ai une grande dette envers la famille Orlov. Aussi lui ai-je prodigué force honneurs et force richesses. Et je la protégerai toujours. Mais telle est ma décision. Ton frère, je l'ai supporté pendant onze années. À présent, je désire vivre à *ma* guise. Non à la sienne ni à la tienne. En ce qui te concerne, Alexis, mes bonnes dispositions à ton égard sont inchangées. Tu demeures l'amiral en chef de notre escadre de la Méditerranée. J'espère que ton séjour en Italie te sera agréable.

C'était un ordre. Notre Petite Mère se méfiait de nous. Elle nous éloignait. Mon frère Grichka, elle lui permit de revenir à Pétersbourg au bout d'une année; mais ensuite, entre eux, les relations ne furent plus jamais ce qu'elles avaient été. Quant à moi..., elle dut juger que deux Orlov, c'était trop pour un seul

Pétersbourg. Peut-être, aussi, que cette phrase stupide de Grigori, « aurais-je assez d'un mois pour te jeter à bas du trône, Petite Mère? », avait fait du chemin dans son esprit.

À présent, le portrait est carrément moqueur dans l'ovale du plafond. Repris par son angoisse, le comte s'agite. Il crie presque: « Personne! Non, personne! Tu n'as jamais aimé personne. Ni Gricha Potemkine ni Grichka mon frère... Ni tes innombrables favoris d'occasion. Moi non plus, je n'aimais personne, à l'époque. C'était pour cela que nous nous comprenions si bien... Jusqu'au jour où *là-bas* en Italie... »

– Père, dit Anna, d'une voix fatiguée. Père, voici Alexandre.

– Alexandre? Il a les pommettes rouges d'un phtisique. Du même rouge que son rouge à *elle*.

– Il ne te reconnaît pas, mon pauvre Alexandre. Il n'a plus sa tête, gémit Anna.

– Il est temps de lui faire donner l'extrême-onction, suggère Izotov. Voici tant de jours qu'il délire, à présent.

– On a envoyé chercher le métropolite Platon, affirme Anna d'un air contrit.

– Alors, allons en Italie... Rien qu'en Italie, souffla le vieillard. Combien de temps que je ne t'ai vue? Trente-trois ans, un âge symbolique.

– Mais que dit-il? s'affole Anna. Est-ce qu'il demande quelque chose?

– Monsieur le Comte demande que l'on approche le chandelier. Le chandelier à écran, affirme Izotov qui lit sur les lèvres de son maître.

Le vieux serviteur prend le chandelier sur une étagère, au fond de la pièce, et le pose à même le lit, juste devant le visage du mourant. Puis il allume les trois bougies. Aussitôt, l'image de la femme transparaît sur l'écran. Elle est assise près d'une cheminée;

elle observe une cuvette dans laquelle voguent de petits bateaux aux feux minuscules.

Un serviteur entre, s'approche de la fille du comte et lui annonce à voix basse que le métropolite est malade.

– Il vous fait dire qu'il envoie son vicaire.

– Il n'a pas voulu venir ! Il n'a pas même voulu venir ! C'est le signe de notre déchéance. Le temps et l'Histoire ont tourné à notre défaveur.

Mais le comte était déjà ailleurs. Il regardait fixement l'écran rond, par-delà les flammes tremblotantes. Et les petits bateaux devinrent d'immenses vaisseaux. *Elle* se tenait sur le pont, comme jadis. Revêtue de la même cape noire au capuchon baissé. Soudain, elle le rejeta en arrière ; alors, ses yeux, ses yeux terribles, impitoyables, brûlants, vengeurs, pénétrèrent l'âme du comte.

Le mourant râla une ultime fois, et trépassa.

Le 26 décembre 1807, tandis qu'une neige épaisse avait appliqué son manteau de silence sur la vaste plaine de Kolomna, un vieillard majestueux se tenait assis devant un pupitre de confection ancienne, au bois patiné par les siècles. Le métropolite de Moscou et de Kolomenskoïe, Platon Platonovitch Platonov, auteur du fameux *Abrégé de l'histoire de l'Église* de Russie, qui clôt le XVIIIe siècle et entend commencer le XIXe sous de pieux auspices, médite. Il trempe sa plume dans un encrier d'argent et note : « Aujourd'hui, ce 26 décembre de l'an 1807 par la grâce de Dieu, l'amiral-comte Alexis Orlov est mort. On est venu me chercher pour lui porter le viatique... Mais faible comme je le suis, pouvais-je me rendre à son chevet ? »

4.

UNE LETTRE FORT SUSPECTE

L'escadre russe de la Méditerranée mouille en rade de Livourne, par ce beau mois de septembre 1774. Une foule importante se masse sur les quais, sur les jetées et sur la grève, car le commandant de l'escadre, le comte Alexis Orlov, organise un spectacle extraordinaire : « La répétition de la bataille de Tchesme. » Rien moins. De Florence, de Pise, de Sienne et même de Rome, des peintres sont accourus avec leurs chevalets, leurs couleurs et leurs palettes afin de ne rien laisser échapper du « pittoresque » d'une scène qu'ils n'ont que fort rarement l'occasion de contempler.

Une bouffée de fumée, toute ronde, s'échappe de l'un des sabords du vaisseau-amiral *Les Trois-Évêques.* Le bruit d'un coup de canon se répand sur la rade ; et la frégate le *Tonnerre,* qui est censée figurer un navire turc, prend feu. La foule pousse une longue clameur d'admiration. Du quai, on voit les matelots du *Tonnerre* se précipiter sur le pont pour évacuer quelques blessés et tenter d'éteindre l'incendie.

Quelques minutes se passent, que les beaux seigneurs et les édiles de la ville et de la direction du port mettent à profit pour commenter la grandeur du spectacle. Un spectacle « en grandeur réelle », en tout point digne des naumachies romaines.

Nouvelle fumée du côté du vaisseau-amiral; nouvelle détonation. Cette fois le *Tonnerre* s'embrase comme une torche. Le pont, les gaillards avant et arrière, les gréements, les écoutilles, ce n'est qu'un brasier somptueux. Les flammes jaillissent par les sabords et par les hublots. Quelques marins se roulent dans les braises : d'autres, transformés en torches vivantes, se jettent à la mer du haut du pont et même de la hune; tandis que d'autres encore tentent de débosser des canots de sauvetage. Spectacle prodigieux auquel le public italien, frivole et cruel, prend un plaisir manifeste. La foule exulte, acclame, hurle sa joie et son admiration.

Un carrosse attelé de deux trotteurs blancs se fraye un passage parmi la plèbe enthousiaste qui encombre le Grand Quai. Un serviteur ouvre la portière armoriée. Le commandant en chef de l'escadre apparaît en personne. Son grand et gros corps est vêtu d'une casaque blanche brodée d'or. Il aide à descendre de voiture une belle femme blonde enveloppée dans une tunique pourpre. C'est la poétesse italienne Cora Olimpica, récemment couronnée des lauriers de Pétrarque et du Tasse aux jeux Capitolins; la nouvelle passion du comte. Quelques mauvaises langues racontent, ici et là, que Livourne est redevable au caprice de cette dame du spectacle du jour.

Au moment où le couple va pour s'embarquer dans un canot tapissé de velours cramoisi, surgit un homme coiffé d'un chapeau à large bord comme en portent les Anglais. Il rejoint l'important personnage :

– Permettez-moi, comte, de vous témoigner mon

admiration pour cet admirable tableau vivant. Mais que je me présente : sir Edward Montagu. Voyageur. Voyageur de l'Orient musulman.

Le comte sourit. Ces Anglais seront toujours aussi insolents avec leurs grands airs. Un tableau vivant! Un tableau vivant! Le véritable incendie d'un vrai bateau!

– Oh! vous ne voyez là, sir, qu'un tout petit épisode de la bataille de Tchesme. En réalité, ce fut un véritable enfer. Les navires en flammes dégageaient une telle chaleur que la peau des visages en craquait.

– C'est égal! Brûler des vaisseaux pour la satisfaction de quelques peintres et d'une poétesse, c'est bien là l'œuvre d'un véritable connaisseur des Muses. C'est digne de l'image que nous nous faisons d'un *barine*, nous autres Européens qui avons perdu le sens du grandiose.

L'Anglais s'incline profondément, puis, sans se départir de son sourire ironique, il tend à l'amiral un pli volumineux :

– Je suis chargé de vous remettre ceci. Je ne puis vous révéler le nom de l'envoyeur; mais sachez que j'ai fait en grande hâte la route de Venise à Livourne pour complaire à la personne qui...

– D'où je déduis que l'expéditeur... est une femme!

– Comte, votre sagacité n'est pas inférieure à votre faste! s'exclama en riant le messager. Une très belle femme; assurément. Ah! comte, vous savez à quel point la passion amoureuse régit le monde. Elle contraint les uns à cahoter sur des routes poussiéreuses, les autres à brûler des vaisseaux...

– Dites à cette dame..., commença Orlov.

– À mon vif regret, je ne la reverrai point. Je retourne immédiatement à Venise où, à l'heure qu'il est, un navire m'attend déjà pour m'emmener aussitôt au pays des minarets. Adieu, comte Orlov. Ah!

j'oubliais : daignez transmettre mon bon souvenir au comte Panine. Nous étions très liés lorsqu'il résidait à Stockholm. Un esprit des plus fins...

Tandis que l'Anglais s'éloigne, Alexis a tout loisir d'apprécier la pique. Ce Panine appartient au parti de la Cour, qui a tout fait pour la chute des Orlov. Un esprit des plus fins, ce Panine? Un vieux renard vorace et ambitieux, oui! On raconte que sa mère avait inventé une prière qu'elle adressait à Dieu chaque soir avant de se coucher : « Mon Dieu, ôte tout à tout le monde. Et donne-le à mes fils! »

Le comte rejoint dans le canot la poétesse qui commençait à s'impatienter.

Le contre-amiral Graig accueille avec déférence le couple à bord du *Trois-Évêques*. On charge un canon. Alexis donne un ordre. Et un troisième projectile porte le coup de grâce à la frégate. Pris d'une soudaine compassion, le comte crie de mettre les canots à la mer et de sauver ces malheureux « Turcs ».

– Du moins ceux qui restent, précise Graig. Dommage qu'on ne puisse sauver aussi le vaisseau.

Ces Anglais, décidément. Quels insolents! Et le don de vous irriter, avec cela! Et sans avoir l'air d'y toucher, par-dessus le marché... Le comte dit avec humeur : « Vous n'aurez qu'à faire un rapport à Pétersbourg : *détruit par le feu au cours des manœuvres.* » Puis il laisse la poétesse à l'arrière du navire contempler tout en déclamant des vers d'Homère le *Tonnerre* en train de sombrer, et il descend dans sa cabine. Là, il ouvre le pli que Montagu lui a remis.

– Malédiction! c'est en français!

Chose surprenante, Alexis déchiffre très mal le français et le parle encore plus mal, alors que, dans toute l'Europe de ce temps, la haute société le pratique journellement. Mais il se trouve qu'après avoir consenti de pénibles efforts pour apprendre un peu d'allemand et d'italien, il a renoncé à affronter la grammaire française, arguant que la Cour de France était la pire ennemie de la Russie. Il confère à son refus des dehors de patriotisme.

Présentement, il feuillette la missive, saisit le sens de quelques bouts de phrase ici et là. Il examine la signature. Alors il change de figure. Il mesure l'étendue de l'inconvénient que lui procure sa paresse ou sa négligence linguistique. Probablement que sont là contenues des révélations qu'il vaudrait mieux tenir secrètes. Mais tant pis! Un truchement est indispensable. De plus en plus irrité, il crie: « Qu'on m'envoie Christenek! »

Le lieutenant Ivko Christenek, premier aide de camp, est un Serbe qu'il a engagé au service de la Russie. En effet, l'amiral commandant en chef l'escadre de la Méditerranée peut enrôler et promouvoir qui il veut au grade qu'il juge bon. Orlov a une préférence pour les Slaves du Sud, dont la religion et les langues sont très proches de celles des Russes.

– Traduis-moi cette lettre! ordonne-t-il avec humeur.

Le lieutenant prend la liasse de papiers et demeure ahuri. Il bredouille :

– Mais... mais... c'est une copie du test... du testament de la feue impératrice Elisabeth!

– Le testament? On verra ça plus tard. Lis d'abord la lettre.

– Il y a aussi un « Manifeste d'Elisabeth II, impératrice de toutes les Russies, à l'escadre de la Méditerranée »...

– Elisabeth II, dis-tu? impératrice de toutes les Russies? Qu'est-ce que c'est que cette histoire? La lettre! Nom de Dieu! D'abord la lettre!

À mesure que Christenek traduit, la perplexité puis la fureur s'emparent du comte.

Cher Comte Alexis Grigorievitch,

La Sainte Russie traverse une époque bien troublée. La légitimité du pouvoir impérial ne constitue plus le fondement de la souveraineté; les imposteurs se succèdent sur le trône des Romanov, et les volontés testamentaires de nos défunts empereurs légitimes ne sont plus respectées. La princesse Elisabeth II, unique héritière légitime de la couronne de toutes les Russies, veut savoir de quel côté vous vous rangerez dans les circonstances présentes. Le testament spirituel de ma mère, de bienheureuse mémoire, l'impératrice Elisabeth Petrovna, est rédigé en faveur de sa fille. Il se trouve entre des mains sûres. Jusqu'à présent les imposteurs, en me maintenant éloignée en Sibérie, où ils tentèrent de m'empoisonner, m'ont empêchée de rendre publiques par un manifeste mes légitimes prétentions au trône de ma mère. À présent que le peuple russe est prêt à soutenir mes droits, je trouve le moment choisi de déclarer solennellement mes prétentions. Très bientôt, nous allons rendre public le testament de notre mère Elisabeth, de bienheureuse mémoire...

– Qu'on envoie chercher Ribas! interrompt le comte, cramoisi. Continue de traduire.

Le devoir, l'honneur, votre gloire et votre loyauté, tout vous oblige à rejoindre les rangs de mes fidèles. Sachez, néanmoins, que...

Un jeune officier, grand et sec, à la mine sombre, au regard noir et dur, entre sans faire de bruit. « Ah! Vous voilà, Ribas! Quelle mésaventure! Écoutez cela : il ne va pas falloir traîner, si on veut éviter les pires ennuis... » Christenek, imperturbable, continue sa traduction :

... Il est temps d'agir, sinon le peuple court à sa perte. Voyant les malheurs et les affronts qu'il subit, notre cœur compatissant...

– Il suffit! rugit Orlov en tournant en rond dans la

cabine, comme un furieux. Arrête la lecture de cette missive criminelle! Comment est-elle signée?

– Elisabeth II de toutes les Russies...

– Avez-vous entendu, Ribas? Vous qui savez tout, savez-vous qui est cette femme?

– Une fille de feu l'impératrice Elisabeth II et du comte Razoumovski, paraît-il. Depuis plusieurs trimestres, elle ameute l'Allemagne et l'Italie pour tenter de monter sur le trône de Russie...

– Comment? Sa présence est connue depuis longtemps, et vous le saviez?

– Votre Grandeur vient de me dire que je sais tout, paraît-il.

Cette sortie a pour effet de calmer le comte qui s'exclame, sur un ton radouci :

– Ah! Ossip Mikhaïlovitch! Quel homme extraordinaire tu fais. Tu es si habile qu'on en vient toujours à oublier que tu es espagnol, fils d'un forgeron de Barcelone et ancien officier des troupes espagnoles du royaume de Naples. Franchement, le jour où je t'ai engagé au service de la Russie, j'ai rendu un fier service à notre Petite Mère [1]. Tu vas m'aider à débrouiller cette vilaine affaire. Et d'abord pourquoi ne m'as-tu jamais parlé de cette usurpatrice, de cette femme...

– Mais parce que je ne sais pas, moi, s'il s'agit d'une imposture ou non. Que Votre Splendeur daigne m'excuser, mais je ne suis pas encore très familiarisé avec les nombreux drames de succession qui jalonnent l'histoire de la Russie. En outre, je vous croyais au courant. Il court tant de bruit à son propos... Et les journaux...

– Les journaux? Est-ce à un amiral de l'escadre

1. De son vrai nom, José Bujons (Ribas est le nom d'une bourgade de Catalogne d'où sa famille était originaire). Il devint général russe, remporta plusieurs victoires sur les Turcs et disparut après la mort de Catherine II.

russe de lire les journaux étrangers ? Et jugez un peu de l'audace inouïe : elle ose m'écrire. À moi !

Ribas se met à réfléchir et prend un air finaud.

– Justement, Votre Splendeur ! Justement, c'est peut-être là qu'est le piège... Et si ce n'était pas elle qui avait écrit cela... Si c'était... par exemple...

Le comte cesse de tourner en rond, comme immobilisé par un trait de lumière « Panine ! Vous voulez dire : Panine ! » Il reprend sa marche, en proie à une vive excitation. « Ah ! le malin ! On peut dire que tu es malin, toi, Ossip Mikhaïlovitch. » Son esprit cherche à sonder l'infamie de la machination : « Ce n'est point par hasard, en effet, que ce Montagu, ce messager aux grands airs, et Panine sont de vieux amis... Et si c'étaient mes ennemis pétersbourgeois qui avaient rédigé cette lettre au nom de cette folle ? Et s'ils avaient entrepris de mettre à l'épreuve ma fidélité envers l'impératrice ? Ou plutôt de me diffamer, de me perdre dans son esprit ? » Tout à coup, il se tourne vers Ribas et hurle :

– Où est-elle ?

– À Raguse, je pense. Selon les dernières rumeurs...

– Les rumeurs ? Foin des rumeurs ! Il y a une personne qui le sait exactement.

– Qui est-ce ?

– C'est sir Montagu, son messager. Il vient de me quitter. Son carrosse roule quelque part sur la route de Venise. Tu sais ce qu'il te reste à faire. Et vite !

Ribas salue courtoisement et sort sans rien dire.

Tiré par les jarrets de ses quatre chevaux de trait, le carrosse de sir Montagu file à vive allure sur la route de Vénétie. Le gentilhomme anglais médite sur les extravagances des grands de ce monde. Cette prétendante au trône d'Elisabeth, quelles montagnes s'apprête-t-elle à soulever !

Soudain, le valet du marchepied arrière tambourine à la dunette.

– Sir! Sir! Il me semble que l'on vient à notre poursuite.

– Il me le semble aussi, confirme flegmatiquement Montagu après avoir constaté que du bout de la route, tout à l'horizon, un cavalier s'approche à vive allure.

Décidément, pourquoi faut-il que sur ces routes d'Italie on soit sans cesse dérangé? Le voyageur met à profit les minutes qui le séparent de la venue de cet importun pour évoquer de mémoire la félicité nonpareille que lui procurent ses courses et randonnées en Turquie et en Mésopotamie. Enfin, un cavalier d'assez mauvaise mine arrive à hauteur de la portière et crie d'une voix rocailleuse en faisant de grands gestes avec son chapeau : « Arrêtez, *Signor Inglese!* Arrêtez, je suis chargé d'un message de Sa Splendeur le comte Orlov. »

« Encore ce gros amiral russe! Sa mystérieuse correspondante aura su le charmer, peut-être. Il cherche à la revoir, si cela se trouve. Il envoie aux renseignements. En ce qui me concerne, ma mission est terminée. Il n'est pas de ma dignité de m'occuper d'entremise » se dit sir Montagu. Et il crie : « Fouette cocher! » Le cavalier comprend la manœuvre; il saisit d'une main la portière :

– *Signor* Montagu, le comte m'a enjoint de m'enquérir de l'endroit où se trouve l'auteur du message que vous avez daigné lui remettre.

– Il me semble qu'en Russie vous êtes étranger, n'est-ce pas monsieur? monsieur... ?

– Ribas. Señor Ribas, Espagnol, qui a bien l'honneur...

– Beaucoup d'étrangers sont au service de la Russie, actuellement, monsieur Ribas. Le comte a bien loisir de leur donner tous les ordres qu'il veut. Mais en ce qui me regarde, je n'ai pas l'honneur...

Puis s'adressant au cocher : « Plus vite que ça ! » En homme obstiné, habitué à braver les situations difficiles, Ribas braque son pistolet en direction de la tête de l'Anglais. Montagu sourit :

– Vous devriez regarder ce qui se passe derrière vous.

L'Espagnol se retourne et aperçoit le valet de marchepied qui a pointé vers lui, presque à bout touchant, un énorme tromblon.

– Dans ces conditions, grimace Ribas, reste à savoir qui tirera le premier... Dans tous les cas je serai mort, c'est une affaire entendue, mais si je tire d'abord, vous le serez aussi ; et alors, adieu les minarets... sir Montagu. Alors qu'il vous suffit de prononcer un mot, un nom de lieu pour nous sauver tous les deux et faire en sorte que nous puissions continuer d'admirer la beauté du monde et de servir les princes qui le gouvernent.

Au bout d'un temps assez long, alors que cavalier et attelage filent de conserve sur la longue route droite et poussiéreuse, la voix calme de l'Anglais parvient aux oreilles de Ribas :

– Vous irez loin Señor Ribas. Raguse !

Le cavalier rengaine son arme, salue révérencieusement ; et le carrosse poursuit son chemin.

De son pas pressé, Ribas entra dans le palais Nervi, à Pise, où l'attendait Orlov. Il fit son rapport. Il avait vérifié l'indication fournie par sir Montagu.

– Elle se trouve à Raguse par hasard. Tandis qu'elle se rendait par mer de Vénétie en Turquie, en compagnie du prince Radziwill, pour tenter de faire du sultan son allié, le mauvais temps contraignit son navire à s'abriter dans la baie de Raguse. Mais à présent que nous avons fait la paix avec la Porte, elle ne peut plus trouver de motif suffisamment sérieux susceptible d'inciter le sultan à agir contre l'impératrice. Il paraît qu'elle lanterne à Raguse ne sachant de quel côté se tourner dans l'immédiat, alors que le Sénat de Raguse, que vous aviez terrorisé voici deux ans en menaçant de bombarder la ville, cherche un moyen de la faire déguerpir. Le Sénat se trouve en si inconfortable posture que le gouvernement de Raguse, quoique sous protectorat turc, vient d'aviser officiellement Pétersbourg de la présence de cette personne.

– Tiens, tiens ! ricana Orlov. Pétersbourg est déjà au courant. Nous sommes les derniers informés à ce que je vois. Comme toujours.

– La chancellerie de Sa Majesté impériale a répondu qu'il n'y avait aucunement lieu de prêter attention à cette vagabonde.

– À cela je reconnais bien la placidité du comte Panine.

– Le major Toutchkov II, clama Christenek en faisant entrer un gros homme allègre, en uniforme de commandant [1].

– Toutchkov ? L'avez-vous vue à Venise ?

– Oui, Votre Splendeur. Elle demeurait à la résidence de l'ambassadeur de France.

– Alors, une fois de plus, comment se passer du français ? ironisa l'amiral.

– Ledit ambassadeur lui témoignait les marques d'attention qu'on prodigue à une majesté régnante. Radziwill et Potocki fréquentaient chez elle. Du reste, elle était entourée de Polonais, tous avec des moustaches énormes et des sabres qui brinquebalent. Vous savez, Votre Splendeur : ces Français et ces Polonais, toujours main dans la main. Surtout dès qu'il s'agit de fourrager dans les affaires de la Russie.

1. En raison de la fréquence des homonymies dans les patronymes russes, il était d'usage quand les militaires portaient le même nom d'ajouter à la suite de celui-ci un chiffre qui indiquait l'ordre d'entrée en service.

Tous ces Polonais clamaient : « Pour sûr que nous reviendrons à Moscou avec notre princesse de toutes les Russies ! Pour sûr, comme nous l'avons fait avec le tsarévitch Dimitri ! » ; et bien d'autres paroles immondes que je me refuse à répéter.

– C'est inutile. Parle-moi plutôt de l'affaire.

– Tout ce petit monde jouait beaucoup aux cartes...

– Et ils t'ont plumé, je parie.

Le major soupira.

– Il y avait aussi un Français, le marquis de Marines, un enragé des cartes. Il est au service de la dame. Il m'a complètement ruiné, lui. C'est à ce moment-là qu'elle est entrée... Les Polonais m'ont ordonné : « Baise la main, Toutchkov, baise la main de ta souveraine ! » Alors moi, j'ai craché et j'ai dit : « Maudits laquais, voici ma réponse ! »

– Ça a bien dû les échauffer un peu, ta façon de saluer, commenta Christenek.

– Et pas qu'un peu que ça les a échauffés ! Il fallait voir. D'un bond, je me suis levé et je me suis sauvé, sans quoi ils m'auraient taillé en pièces.

– Eh quoi ! Tu as bien répondu, Toutchkov. L'ennui, c'est que tu n'as pas appris grand-chose, conclut l'ancien favori de l'impératrice. Et comment est-elle de visage ?

– Il n'y a point de mal à en dire. C'est tout bonnement une beauté. Le cheveu sombre, la bouche vermeille, le regard brûlant... jamais elle ne s'assoit. Toujours à remuer, à ordonner, à se déplacer d'un endroit à l'autre.

– T'a-t-elle plu ?

– Il faut rester sur ses gardes, sinon elle vous aurait tôt séduit, admit le major en riant. Toutefois, elle est diantrement maigre. Du moins pour mon goût. Sans la moindre opulence de chair...

Lorsque Toutchkov fut parti, l'amiral réfléchit un peu, puis annonça :

– Je sens que nous allons avoir affaire à un nouveau Pougatchov, en jupons celui-ci. Tandis que le comte Panine se laisse aller, lui. Christenek, écris!

Il se mit à dicter en faisant les cent pas.

Très bienveillante Souveraine! J'ai la joie de vous féliciter de votre heureuse signature de paix avec les Turcs. Votre Majesté désire-t-elle apprendre comment les ministres étrangers en ont accueilli la nouvelle...

Orlov s'arrêta et dit au Serbe :

– Dans sa lettre, Sa Majesté suppose qu'*ils doivent l'approuver...*! Tu n'auras qu'à recopier mot à mot dans notre lettre ce qu'elle dit à ce propos. Car ce que notre Petite Mère suppose *doit* être vrai... Bon. Poursuivons :

Ces jours derniers, Petite Mère, j'ai reçu une lettre d'une inconnue que je veux, toutes affaires cessantes porter à ta connaissance. Je joins ladite lettre au présent courrier. Elle parle d'elle-même. Il me souvient que les misérables lettres de Pougatchov étaient de la même farine. J'ignore si cette femme existe ou non. Je n'ai pas jugé bon de répondre à ses insanités. Mais voici ma proposition : s'il se révèle que cette agitée existe pour de bon, je tâcherai de l'attirer sur l'un de mes vaisseaux et l'expédierai directement à Cronstadt. Cela, bien évidemment, si Votre Majesté en est d'accord. Je me jette à vos pieds bénis et demeure à jamais votre esclave sincère et dévoué.

« Comme il la tourne habilement, sa lettre! s'extasie Ribas *in petto*. Comme il sait flatter sa souveraine et lui impute à gloire ses propres intentions. Voilà qu'il a décidé de voir cette femme; voilà qu'il veut l'attirer sur l'un de ses vaisseaux. Et tout ce qu'il fera dans ce sens ne le sera qu'au service de l'impératrice... » Alexis scruta attentivement la physionomie de son factotum.

– Aïe-aïe-aïe! Ribas. Malin Espagnol! Je crains que quelque jour tu ne te retrouves pendu à un gibet.

– Daignez entendre, Votre Splendeur, un proverbe de chez nous : *Les forts, on les pend; les faibles, on les tue; mais les malins, on en fait des chefs.*

L'amiral manqua de s'étrangler de rire. Enfin, reprenant soudain un masque grave, il dit :

– Bon. Assez plaisanté. Donc, mon cher Ossip Mikhaïlovitch, tu vas aller voir à Raguse ce qu'il s'y passe. Renseigne-toi sur sa personne. Je veux tout savoir. Sa naissance, les noms et qualités des gens en compagnie desquels elle complote, ses relations en Russie, et tout. Surtout, évite de te montrer à ses yeux. Sois prudent.

– Je le suis toujours avec les femmes, Votre Splendeur. Car la femme est le vase du péché; il faut s'en méfier et la tenir à l'œil. Mon pauvre père ne me disait-il pas : « Josep, si jamais tu te maries, aie soin de battre ta femme régulièrement » ? Et moi, pauvre naïf, je lui demandais : « Pourquoi la battre, Père, si je ne lui connais aucun tort ? » Alors, il me répondait : « Aucune importance, mon pauvre enfant. Aucune importance : si toi tu ne connais pas ses torts, elle, elle les connaît ! »

5.

UNE JOURNÉE DE TRAVAIL DE L'IMPÉRATRICE

Ce matin de novembre 1774, le sonneur du palais a égrené six coups à la grande cloche du portail d'honneur. Catherine se lève. Sa journée commence toujours à la même heure. C'est une femme forte, massive et bien en chair qui s'extrait des draps en soie jaune canari. Elle est née bien loin d'ici, à Stettin, voici quarante-cinq ans, où son père, simple prince parmi tant d'autres en Allemagne, commandait un régiment au service du roi de Prusse. À l'âge de quatorze ans, on l'a emmenée en Russie et mariée à Pierre Ulrich, prince de Holstein, qui sera par la suite proclamé héritier du trône de Russie par sa tante l'impératrice Elisabeth, sous le nom de Pierre Feodorovitch. La jeune Sophie Frédérique s'est donc convertie à la religion orthodoxe et a pris le titre de « légitime épouse Catherine Alexeievna ».

La souveraine s'approche de la corbeille placée au bas de son lit à baldaquin. Sur des coussins roses ornés de dentelles dorment deux minuscules levrettes anglaises. Les mascottes de la Petite Mère. Quatre ans auparavant, afin de donner un exemple salutaire aux diverses populations de son empire, Catherine avait osé se faire vacciner contre la variole. C'était un haut fait car elle figurait comme la première personne en Russie à prendre le risque de se vouer à une pratique si nouvelle, encore que le procédé fût connu et appliqué depuis des siècles par les rudes bergers du Caucase. Quoi qu'il en fût, les conséquences étaient encore mal connues, et le risque pris à cette occasion par l'auguste souveraine avait plongé dans une vive admiration ses amis les philosophes français. Pour célébrer cet événement, le médecin anglais qui l'avait vaccinée lui avait offert ces petits chiens.

Elle les réveille, et leur donne de sa main impériale des biscuits qu'elle puise dans une coupe d'argent ciselé. De leurs mâchoires menues les braves bestioles mastiquent en affectant un air ennuyé.

Une femme âgée et laide entre sans frapper dans la chambre. C'est la célèbre Maria Savvichna, première dame d'atours de Sa Majesté, confidente et tombeau de tous les secrets. Elle est les yeux et les oreilles de l'impératrice. « Personne ne m'est plus proche que cette petite vieille illettrée », songe Catherine en la regardant choisir pour elle les vêtements de la journée. « Je sais qu'elle m'aime, elle. Dans ce siècle où les hommes ressemblent tant aux femmes par leur comportement, et sont prêts à se vendre pour faire carrière à la cour, combien de nobles courtisans lui ont offert leur main ! Elle les a toujours refusés. Elle n'a pas voulu renoncer à me servir humblement. Quand je suis malade, c'est elle qui me soigne ; et lorsqu'elle est souffrante, je ne quitte pas son chevet. Il n'y a pas si longtemps, nous sommes tombées malades en même temps. Elle se trouvait plus mal-en-point que moi. Alors je me suis traînée jusqu'à son lit, afin de veiller sur elle. Car si jamais elle mourait, je n'aurais plus personne... Plus personne de vraie confiance. »

Une cuvette et un puisoir en vermeil à la main, voici qu'entre une jolie Kalmouke de vingt ans, Catherine Ivanovna. Elle est encore tout ensommeillée et trébuche sur les franges du tapis; quelques gouttes d'eau tombent sur les biscuits dans la coupe d'argent.

- Ne peux-tu point faire attention, grommelle la vieille Savvichna.

- Je ne me suis pas réveillée, Petite Mère, qu'y faire? s'excuse la jeune fille en tendant les objets de toilette à l'impératrice.

- Ça ne fait rien, opine Catherine tout en se lavant hâtivement. Mais tu verras, quand tu seras mariée. Tu te souviendras du temps où tu étais à mon service. Car cela te changera. Ton mari, lui, il ne fera pas comme moi. Il se chargera de t'apprendre ce qu'« être en retard » veut dire.

À quelques détails près, cette scène se renouvelle chaque matin. Mais Catherine ne chasse pas la Kalmouke. Elle s'évertue à demeurer patiente et courtoise avec la domesticité. Elle se souvient d'avoir même songé à abolir le servage. Comme ça; une idée pour se mettre au diapason des philosophes français. Mais elle y a renoncé.

Sa toilette achevée, elle recommande à Catherine Ivanovna de se soucier de sa tabatière : « Que l'on ne l'oublie pas, surtout. Et qu'on veille à la bien remplir de mon tabac préféré. » Ensuite, vite, elle absorbe une collation composée de café noir et de biscuits. Puis elle passe dans son cabinet de travail. Il est six heures trente. La journée débute.

Elle commence par la correspondance et les activités personnelles de la souveraine. Au fil des trois heures qui vont s'écouler, elle rédige en français, directement, le courrier qu'elle destine tantôt à Voltaire, tantôt à Rousseau, au baron Grimm. Ou elle consigne quelques pensées ou quelques faits qu'elle estime dignes de figurer dans ses mémoires futurs. Ou bien elle écrit une pièce de théâtre. On raconte que pour la rédaction de ses pièces, elle dispose d'un coauteur secret, une manière de nègre voltairien à l'esprit éclairé, qui se nomme Novikov. Cette collaboration d'un genre spécial ne sera pas très heureuse, l'impératrice finira par jeter son coauteur en prison. Car entre-temps la Révolution française aura incliné la Sémiramis du Nord à plus de discernement en ce qui touche aux belles idées des Lumières. Et ce pauvre Novikov n'aura pas su changer, lui. Il aura pris tout cela pour argent comptant... Il n'y a pas plus lourdaud que les hommes de lettres!

Pour l'instant, la robuste autocrate chantonne une chanson française à la mode. Elle est de bonne humeur. Les dures années ont l'air d'être passées. « Et quelles années! La France avait poussé la Turquie à déclarer la guerre... J'accumulai victoire sur victoire, mais Versailles excitait le sultan à verser toujours plus de sang... La Pologne se révoltait... Ah! la Pologne, quel boulet! Toujours en soulèvement. Les magnats de Pologne n'ont pas voulu de mon cher, très cher Poniatowski; ils se sont soulevés. Et qu'ont-ils obtenu? Voyant l'état de faiblesse de ce pays anarchique, la Prusse et l'Autriche m'ont proposé de le démembrer toutes affaires cessantes. J'aurais eu tort de refuser! Tout le monde y a gagné. Sauf les Polonais, bien entendu. Mais ils n'avaient qu'à accepter le roi que je leur imposais. Voilà tout. Là-dessus, Pougatchov fomente une gigantesque révolte paysanne. La moitié de la Russie est en feu. Dieu merci, nous sommes venus à bout de tout : paix victorieuse avec les Turcs; partage de la Pologne; capture du brigand (je lui prépare une gentille mise à mort); mise au pas de ces moujiks sanguinaires qui, pas plus tard que l'année dernière, pendaient mes nobles et s'apprêtaient à envahir Moscou. »

Catherine II rêvasse un moment; puis elle prend une lettre de son nouveau favori, Grigori Potemkine. Elle la lit avec un tendre sourire; et par habitude elle annote ce billet comme elle fait des papiers d'État.

Permets-moi, ma colombe, de te dire à quoi je pense. « Je le permets », écrit-elle en marge. *En plus de tes innombrables bienfaits en ma faveur, tu m'as placé dans ton cœur. Je veux y être seul.* « Tu l'es et le demeureras », écrit l'impératrice. *Car personne ne t'a autant aimée...* « Je le vois et je le crois... » *Rappelle-toi que je suis ta créature et que je veux te devoir ma paix. Amen.* « Laisse mes sentiments se calmer, afin qu'ils puissent agir par eux-mêmes, résume Catherine sur ce message d'amour. Ils sont tendres et, crois-moi, ils sauront trouver le meilleur chemin. Amen. »

Après cet intermède agréable, la souveraine se dit qu'il est temps de passer aux choses sérieuses. La plus importante, aujourd'hui, consiste à commencer ses *Mémoires*. Elle les écrira, désormais, jusqu'à la fin de sa vie sur des bouts de papier qu'elle ne réunira jamais. En réalité, elle les rédige à l'intention de son fils Paul.

« Le bonheur n'est pas si aveugle qu'on le pense. Le plus souvent, il résulte de qualités personnelles, d'un caractère, d'une conduite. Pour démontrer ce que je dis là, il n'est pas de meilleur exemple que ce qui nous est arrivé, à mon époux Pierre III et à moi, Catherine II... Quand on nous a mariés, j'avais quatorze ans et lui seize; mais il était si puéril...

« Après, longtemps après, il y eut la lourde silhouette d'Orlov sur son cheval; le carrosse aux stores baissés; les marches de l'église Notre-Dame-de-Kazan... J'en rêve encore, certaines nuits. Je n'ai pas voulu sa mort, à ce malheureux Pierre. Non plus que je n'ai voulu le partage de la malheureuse Pologne... Pourtant... Mon fils, il faut que tu comprennes. Lorsque je suis montée sur le trône, la flotte allait à vau-l'eau, l'armée était délabrée, l'État ruiné par la dette publique ; deux cent mille paysans vivaient en révolte ouverte. Mais le pire fléau consistait dans l'instabilité des esprits. Trois prétendants se disputaient la terre de Russie. J'aime ce pays ; j'adore sa langue ; j'apprécie la manière d'être des Russes, leur figure. Je crois que l'armée russe est la meilleure du monde. J'ai accueilli de tout mon cœur la religion de ce pays. Je suis allée en pèlerinage à Rostov à pied. Je déteste tout ce qui est allemand en moi. J'ai défendu à mon frère de venir me voir en Russie. Je lui ai écrit : “ Il y a déjà assez d'Allemands en Russie comme cela. ” Mais aussi longtemps que les deux autres empereurs demeuraient en vie sur le sol russe, je serais restée une Allemande qui se fût emparée du trône. Alors, il fallait bien que je les tinsse à l'écart.

« L'un d'eux, Ivan VI, détrôné encore enfant par Elisabeth, végétait depuis vingt ans dans la forteresse de Schlusselbourg. L'autre empereur détrôné était mon mari, Pierre III... Je l'avais mis aux arrêts dans le palais de Ropcha, sous la surveillance d'Alexis Orlov qui m'avait assuré : “ Ne t'inquiète pas, Petite Mère. Nous accomplirons ta volonté. ” Que s'est-il passé ? Une nuit, entre le 6 et le 7 juillet, le prince Bariatinski est entré dans mon cabinet et s'est jeté à terre en criant : “ Un malheur, Votre Majesté ! Un grand malheur ! ” Il avait l'air d'être fin soûl. Finalement, en bégayant il m'a fourré une boule de papier dans la main.

« Je conserve ce papier malpropre à l'écriture hachée, qui respire la folie. J'espère que lorsque tu l'auras lu, mon fils, il t'apparaîtra comme la pièce qui innocente ta mère : *Petite Mère charitable, ma souveraine. Comment te décrire, comment t'expliquer ce qui est arrivé ? Crois-en ton fidèle esclave. Je te dis la vérité comme devant Dieu. Je suis prêt à affronter la mort. Si tu ne nous fais pas grâce, nous sommes per-*

dus. Il n'est plus! Personne n'avait pensé à cela. Comment aurions-nous pu songer à lever la main sur notre souverain? Mais le malheur est arrivé. Il s'est mis à discuter avec le prince Bariatinski à la table de jeu. Et voilà : tout à coup, il n'était plus. Comme cela. Aucun de nous ne se souvient de ce qu'il a fait. Nous sommes tous responsables. Nous méritons la mort. Pardonne-nous ou ordonne qu'on en finisse au plus vite. La vie nous est insupportable. Nous avons déclenché ta colère et perdu notre âme à jamais.

« Pouvais-je les châtier? Ils étaient si forts, alors. Grande et sincère fut mon affliction. Nikita Panine et le Sénat m'ont suppliée de ne pas m'abandonner au chagrin et d'assister aux funérailles, et de sauvegarder ma santé dont la patrie avait si grand besoin. Bientôt, des bruits sans fondement se sont mis à circuler, qui ont finalement facilité l'entreprise de Pougatchov; car celui-là a voulu se faire passer pour le défunt empereur.

« Sache bien, mon fils, qu'un chef d'État doit s'armer de décision. Afin d'accomplir ce qu'il convient d'accomplir et que, par moments, il a si peu envie d'accomplir. L'esprit de décision, voilà la qualité principale d'un homme heureux. Seuls les imbéciles et les faibles d'esprit en manquent.

« Avec Ivan VI, cela s'est fait tout seul, pour ainsi dire... Je lui fis une visite à Schlusselbourg. Il refusa de me saluer et cria : " Je n'ai que la chair d'Ivan VI, empereur désigné de toutes les Russies. Mon âme est celle de saint Georges. C'est pourquoi je dédaigne de vous voir, viles créatures. Et toi, maudite, va-t'en au couvent, tant qu'il est encore temps! " Panine, le chef du collège des Affaires étrangères, me dit ensuite : " Ah! je crains qu'il n'arrive quelque chose lorsque Votre Majesté quittera la capitale à l'occasion d'un voyage quelconque. " Effectivement. Je suis allée dans la Baltique. Pendant ce temps, un misérable lieutenant nommé Mirovitch tenta de libérer le malheureux Ivan. Alors, on se conforma aux " instructions " qui avaient été prévues pour le cas où quelqu'un tenterait une délivrance... Qu'y pouvais-je ? J'ai au moins obtenu que Mirovitch soit exécuté sans être passé par la torture.

« Je n'ai jamais su si Panine a fabriqué le complot de Mirovitch pour se débarrasser du malheureux Ivan. Ou si par l'intermédiaire de Mirovitch il a tenté d'asseoir sur le trône ce simple d'esprit pour réaliser son rêve insensé d'instaurer en Russie une impossible monarchie constitutionnelle à l'anglaise. Ou s'il était vraiment en dehors du complot. J'ai préféré ne pas connaître la vérité. Je dispose de trop peu de gens de la qualité de Panine.

« Ce fut lui qui, le premier, sut faire pièce aux Orlov. Dommage qu'il divague continuellement avec sa monarchie constitutionnelle. Il a trop longtemps été ambassadeur en Suède. Ni Elisabeth ni mon mari n'ont formé de ministre capable d'accomplir les tâches nouvelles que requiert le pays. Moi, j'ai appelé au gouvernement une coterie d'hommes brillants et leur ai donné les moyens de faire de grandes choses. Mais voilà : ces gens ont toujours des buts personnels, et ils s'affrontent entre eux pour les atteindre. Et moi, je dois continuellement jouer de ces ambitions contraires comme d'autant de leviers de bascule. Pour renforcer l'État, il me faut des gens travailleurs et zélés. À ceux-ci j'accorde mon appui. Quant aux brillants personnages, il me suffit bien de Grigori Potemkine, désormais. »

Neuf heures sonnent. À présent, les affaires de l'État. Catherine retourne dans sa chambre. En déshabillé et bonnet de tulle blancs, elle reçoit les secrétaires de cabinet et les dignitaires de l'empire. Elle écoute, prend des notes, ordonne, dicte, signe des liasses de papiers divers. Entre le comte Alexandre

Viazemski, un des nouveaux et zélés bureaucrates, procureur général de son état. Il est l'âme du parti rétrograde, l'ennemi des réformes et de toute influence étrangère. L'impératrice le considère comme très utile pour faire contrepoids face à Panine. Elle aime l'équilibre. Toujours le jeu de bascule. Et précisément, voici que Panine, bien matinal aujourd'hui, fend la foule des courtisans qui se pressent dans le boudoir et annonce :

– Mes respects, Votre Majesté. Il est arrivé d'Italie une lettre du comte Orlov.

– Mais voyons, monsieur le Comte, l'examen du courrier de l'étranger est prévu pour deux heures. Nous n'allons pas enfreindre l'ordre du jour ! réplique la souveraine qui, sachant la rivalité qui anime ces deux grands seigneurs, entend différer la joie que Panine entend tirer de quelque erreur qu'a dû commettre son éternel ennemi.

Une heure sonne. Catherine passe dans la salle à manger voisine où elle va déjeuner « simplement et modestement » au milieu de ses familiers. Autour d'une grande table ronde portant une vingtaine de couverts s'installent quelques grands seigneurs tels que Panine, Viazemski, Golitsyne et Kirilla Razoumovski ainsi que de hauts fonctionnaires « zélés ». À la droite de l'impératrice, la place est vide. C'est celle du favori en titre. Pour le moment, Potemkine se trouve à Moscou. La conversation porte sur les affaires de l'État, sur l'activité de divers chargés de mission ou sur de vagues projets d'amélioration des services de l'administration ; mais tout cela à bâtons rompus, ainsi qu'il sied à des gens qui prennent à cœur les devoirs de leur charge mais qui savent que les choses se feront en temps opportun.

À deux heures, l'impératrice retourne à son cabinet de travail en compagnie de Panine et de Viazemski. Celui-ci ne parle que si on le lui demande, et seulement à demi-mot, comme à son habitude. Panine est très disert, au contraire. Pendant deux heures, il va dépouiller le courrier diplomatique en compagnie de Catherine : les rapports des ambassadeurs russes, ceux qu'envoient les espions travaillant pour la Russie, les missives des chancelleries occidentales, les lettres que les têtes couronnées d'Europe jugent bon d'adresser à la tsarine, etc. Après avoir signalé celles des volumineuses correspondances, en français pour la plupart, que divers gouvernements étrangers ont envoyées ce jour, le comte Panine pose bien à plat devant sa souveraine une lettre composée de plusieurs feuillets.

– Et une lettre du comte Orlov, qui nous vient de Livourne.

Catherine place sur son nez une paire de besicles.

– Oh! mais c'est qu'il y en a long! Ce n'est pas dans ses habitudes. Qu'écrit-il, en bref?

– Il commence par faire état de la façon dont les souverains d'Europe ont accueilli la nouvelle de notre paix avec la Turquie. Je ferai remarquer à Votre Majesté qu'il répète mot pour mot les justes remarques émises par Votre Majesté...

– Ne savez-vous point, comte, fait Catherine en souriant, que nos points de vue, au comte Orlov et à moi, divergent rarement?

– Euh... Si, si, Votre Majesté. Si, si. Mais ensuite il propose une initiative personnelle concernant cette... cette... Mais le mieux est que Votre Majesté lise elle-même. Ici... ce passage...

Catherine lit et devient bientôt cramoisie. Elle bondit de sa chaise et arpente le sol avec rage.

– C'est une infamie! hurle-t-elle. Une infamie! Qu'est-ce que cette misérable qui tente de débaucher mes officiers de marine en lançant à l'escadre russe des appels à sédition? N'en aurons-nous donc jamais fini de tous ces imposteurs? À peine sommes-nous débarrassée d'un coquin qu'il nous faut faire face aux menées d'un Pougatchov au féminin.

Panine, Viazemski et le secrétaire aux écritures reculent, effrayés, au fond de la pièce. La tsarine s'arrête, un peu interloquée.

– Ne craignez rien, messieurs, ne craignez rien. J'appelle l'Etna mon cousin car j'explose facilement, comme vous voyez... Mais à ces moments-là, je ne signe jamais d'ordre. Je rugis, je trépigne, je jure comme une païenne; mais je ne signe rien.

Elle marche en long et en large devant les deux fenêtres qui éclairent le cabinet. Puis elle vide un verre d'eau d'un seul trait.

– Ah! la canaille! reprend-elle d'une voix un peu calmée. La canaille!

– Si Votre Majesté veut bien se souvenir que je lui ai fait part, en son temps, de la proposition du Sénat de Raguse de faire expulser cette femme..., insinue Panine, d'une voix douce. Mais, dans votre bonté, vous m'avez demandé de ne pas accorder d'attention à cette vagabonde.

– À l'époque, je croyais que nous pouvions ignorer cette aventurière... Seuls parlaient d'elle les journaux étrangers. Or les journaux étrangers ne pénètrent pas en Russie, comme vous le savez. Son action fantasque ne risquait donc pas de trouver d'écho chez nos sujets. Mais à présent qu'elle cherche à se gagner mes généraux et qu'ayant pris un nom étranger elle risque de nous ridiculiser hors de nos frontières, cela change tout!

– Sur cette question, précisément, je ferai remarquer à Votre Majesté que les mesures que propose l'amiral me semblent particulièrement sujettes à caution. Vouloir se mettre en rapport avec une aventurière aussi imprévisible, voilà qui ne laisse pas d'inquiéter, ne vous semble-t-il point?

– Vous, alors, mes « brillants courtisans », vous ne

manquez jamais une occasion de dire du mal les uns des autres, et de me pousser à en faire à vos ennemis personnels, tellement vous vous haïssez entre vous. À vous entendre, il me faudrait tous vous châtier. Tous autant que vous êtes. Mais il n'est pas dans mes habitudes de livrer mes serviteurs en pâture les uns aux autres, monsieur le Comte. N'empêche que cette fois-ci...

– Cette fois-ci? répète Panine avec jubilation.

– Cette fois-ci, cela m'inquiète, mon cher Panine. Le comte Alexis nous sert de son mieux. Son zèle est louable. Mais je suis d'accord avec vous : il faut lui imposer des mesures bien différentes des siennes. La république de Raguse nous craint suffisamment pour cela. C'est pourquoi vous répondrez ceci à l'amiral : *Qu'il exige immédiatement du Sénat de Raguse qu'il nous livre ladite personne, mais sans qu'il ait eu au préalable de rapport direct avec elle. Et s'il n'obtient pas l'accord de la ville, qu'il la bombarde aussitôt. Dès qu'il se sera emparé de ladite femme, qu'il la fasse embarquer et l'expédie à Cronstadt.*

Demeurée seule avec le comte Viazemski, Catherine éprouve le besoin d'entendre l'avis de celui qui n'a pas dit un mot durant tout l'entretien.

– Je me demande à qui il conviendrait de confier l'instruction de ce « cas » tout à fait monstrueux.

– Ha! ha! C'est le procureur général qui montre le bout de l'oreille! s'exclame Catherine en riant. On a envie de conduire un beau procès? N'avez-vous pas déjà de quoi vous délecter en ce moment avec l'affaire Pougatchov? Ha! ha! N'est-ce point présumer de l'avenir? Croyez-vous que le comte Alexis... ?

– Je crois à son intelligence, Petite Mère souveraine. Le comte Orlov a toujours su où se trouve son intérêt. Il y arrivera. Oui. Cela sera peut-être un peu long, mais il y arrivera. Il vous amènera l'aventurière pieds et poings liés.

6.

DEUX RÉCITS CONCERNANT LA MÊME DAME

Nocturnes hirondelles de l'intrigue.
Capes noires
Héros ailés
des aventures du grand monde.
Cape qui joue de sa déchirure
Cape du joueur et du filou
Cape de la passade et cape de l'amour
Cape plaisante comme une toison
Cape des agenouillements
Cape assurée de la nuit noire...

MARINA TSVETAÏEVA.

Ribas tend ce qu'il lui reste de pièces d'or.

– Mon cher marquis, puisque vous m'avez si bien plumé au jeu, ici dans ce palais vénitien, et sans doute en usant de filouterie comme vous savez si bien faire, vous autres Français et Italiens dans vos salons à lambris dorés, souffrez, marquis, souffrez que je vous tienne à titre moral pour mon débiteur et qu'en conséquence je vous somme de me parler confidentiellement de la personne avec laquelle vous vous trouviez à Raguse pas plus tard que la semaine dernière.

– Qu'à cela ne tienne, cher ami! s'exclama le marquis de Marines en faisant glisser prestement dans sa poche déjà lourde de thalers, de ducats, de florins, de sequins, de piastres et de louis, tous gagnés au jeu, les réaux et les roubles d'or de l'obstiné Espagnol. Vous voulez savoir pourquoi cette dame a quitté précipitamment la bonne ville de Raguse? Elle m'avait chargé de fréter un navire. Elle s'y est embarquée de nuit avec deux Polonais, les sires Domanski et Czernomski plus ses deux suivantes et deux serviteurs, polonais également, pour une destination inconnue.

– Une destination inconnue? Tiens donc! Elle recourt à vos services pour échapper à ses créanciers; vous n'ignorez pas qu'elle n'a payé à Raguse ni son loyer ni les divers services domestiques qu'elle avait réclamés; mais elle ne juge point utile de vous dire où elle va. Curieuse attitude, ne trouvez-vous pas, envers un homme aussi attentionné que vous. Dans quelles circonstances vous êtes-vous attaché à sa personne?

– Monsieur Ribas, sachez que je ne jouis pas auprès d'elle de la même obstinée fortune qu'au jeu. Je l'ai connue au printemps de l'année 1772, à la Cour de Versailles, dans l'entourage de Marie-Antoinette et du duc de Lauzun. Nous pensions qu'elle était une princesse persane. Elle se faisait appeler Son Altesse Ali Émété, princesse de Volodomir...

– Princesse persane *et* princesse de Volodomir? Diantre! Des titres quelque peu disparates, ne vous semble-t-il point, marquis?

– Peut-être bien, peut-être bien! admet le Français en riant. C'est le duc de Lauzun qui nous a présentés en ces termes. Voyez-vous, monsieur Ribas, votre noblesse hispano-napolitaine me paraît trop rustique pour imaginer à quel point Paris regorge en ce moment de titres étranges. Paris, c'est Babylone, mon cher. Mais justement, j'ai cherché à en savoir plus en m'adressant à ceux qui savent tout sur tout le monde: les banquiers parisiens. Je rencontrai M. Massé qui, après m'avoir affirmé qu'« à Paris, chacun se fait passer pour un autre», m'affirma qu'autant qu'il en pouvait juger par la magnificence de son train de vie elle ne pouvait être qu'une authentique princesse asiatique. M. Poncet, lui, me révéla que « tout ce qu'elle raconte, ce ne sont que contes bleus». Il s'était renseigné, disait-il. Elle arrivait de Londres, où elle avait bouleversé ces pauvres Anglais par son faste inouï. Les banquiers britanniques avaient eux aussi pris leurs renseignements : elle avait précédemment tourné la tête à un jeune et riche négociant de Gand, le baron d'Embs, qui fait maintenant partie de sa suite et qu'elle présente comme « l'intendant de sa petite cour ». Il y a tout lieu d'imaginer qu'il est baron comme elle est princesse de Volodomir...

– Princesse de Volodomir... Vo... lo... do... mir... skaïa...

– De Volodomir, paraît-il. Figurez-vous qu'elle eut vent de mon enquête. Je reçus un carton m'invitant à une petite fête qu'elle donnait en son hôtel. Là, alors que la soirée se terminait et que les invités commençaient de prendre congé, elle m'ordonna d'un ton cassant de la suivre dans son boudoir où elle me fit de durs reproches disant que si je voulais savoir des choses sur elle, nul mieux qu'elle ne pouvait me les dire, et qu'il suffisait que je m'adresse à elle. Puis son ton s'adoucit peu à peu, son visage changea du tout au tout. Si bien que lorsque je quittai sa chambre, le lendemain matin, je lui étais définitivement acquis... Eh oui, monsieur de Ribas... Vous savez ce qu'est le cœur d'un homme devant la beauté de la femme...

– Son visage changea du tout au tout, dites-vous?

– Assurément. La princesse a un visage admirable au sommet d'un long col de cygne. Et sa physionomie est extraordinairement changeante. Par exemple, ses cheveux vous paraissent tout à fait noirs et ses yeux sont comme des braises langoureuses. Vous jureriez qu'elle est de race persane. Puis, vous vous apercevez que ses cheveux sont châtains, et roses ses joues parsemées de taches de rousseur. Vous vous dites : « C'est une Slave égarée loin des steppes. » Mais voilà que vous surprenez un brusque mouvement du menton, sous un angle de profil; cette courbe des lèvres, cette fine arête du nez : vous vous persuadez que c'est une aventurière italienne. Quelle diablerie ! Le lendemain, donc, comme je m'apprêtais à prendre congé, elle me dit : « Pourquoi ne vous installeriez-vous point dans mon hôtel, marquis ? Vous savez que vous me plaisez ? Ah ! tenez, voici le baron d'Embs. Je veux que vous soyez amis. » Elle me présenta un jeune homme falot. « Avant de devenir l'intendant de ma cour, le baron s'est taillé un grand renom dans l'armée lituanienne. Il y a même gagné les galons de capitaine. » Je ressentis quelque honte en me souvenant des racontars qui couraient sur le « négociant hollandais ». Ce ne fut que bien longtemps après que j'appris qu'il n'avait obtenu son brevet de capitaine que dans un salon parisien, des mains de l'hetman Oginski, sur la demande de la princesse, au reste.

– L'hetman Oginski ?

– Oui, Sa Splendeur l'hetman lituanien. Une très vieille famille descendant de Rurik [1]; il compte parmi ses ancêtres des ducs de Tchernygov. Au XVIIe siècle, cette famille passa au service des grands-ducs de Lituanie. À la mort d'Auguste III, Oginski prétendit au trône de Pologne, et il repoussa avec tous les nobles polonais l'homme que Catherine II voulait imposer : Stanislas Poniatowski, son ancien amant, en fait. Les Potocki, les Radziwill, les Branicki, les Oginski formèrent une confédération qui s'opposa aux armées russes qui venaient asseoir Poniatowski sur le trône de la malheureuse Pologne. Les confédérés furent battus, c'est pourquoi il y a tant de Polonais émigrés à Paris, car la France est depuis toujours amie de la Pologne, comme vous savez.

1. Rurik, nom du prince Varègue qui envahit la Russie septentrionale durant la seconde moitié du IXe siècle et fonda l'État de Russie.

– Que vous a-t-elle raconté de sa vie, la princesse?

– Qu'elle était née d'une famille de souverains régnants, mais sans me préciser lesquels; qu'elle avait vingt et un ans; qu'elle avait été élevée à Kiel, dans le Holstein où elle avait reçu la meilleure éducation qui se puisse donner; que ses terres ancestrales avaient été confisquées pour une raison qu'elle ignorait; qu'elle fut par la suite arrêtée en raison de sa mystérieuse naissance, et transplantée en Sibérie où l'on avait tenté de l'empoisonner; qu'elle s'était enfuie en compagnie de sa nourrice jusqu'à Bagdad, où elle avait trouvé refuge chez un négociant du nom de Hamet, qui était au courant de ses véritables origines; qu'elle fit connaissance chez ce Hamet d'un des hommes les plus riches du monde, un prince persan qui voulut bien se considérer comme son oncle et protecteur tant qu'elle n'aurait point recouvré les principautés de Volodomir et d'Azov qui lui revenaient de droit; que ce prince persan lui avait donné l'autorisation de porter son nom : Ali Émété; qu'à l'occasion d'une mission diplomatique qu'il effectuait à Londres, il l'avait emmenée dans cette ville; mais que, rappelé d'urgence en Perse par son souverain, il l'avait laissée en Angleterre en mettant à sa disposition une immense fortune avec ordre de la dépenser sans compter – ce qu'elle faisait consciencieusement ainsi qu'on pouvait voir; que le prince devait bientôt revenir de Perse avec un autre trésor encore plus grand pour payer les dettes de la belle princesse... Voilà, en gros, tout ce qu'elle a bien voulu me révéler.

– Un vrai roman, en effet. Que d'aventures et que de rebondissements!

– Je vous accorde, cher monsieur Ribas, que cela fait beaucoup d'agitation pour une jeune vie de vingt et une années. Pourtant, je lui en ai connu d'autres. L'hetman Oginski entreprit une aventure sentimentale et mélancolique avec la belle princesse. Le plus humiliant était que moi, dont elle avait fait le « deuxième intendant de sa cour », je devais porter à l'hetman les réponses plus ou moins enflammées de la princesse. Un jour, je demandai à Oginski si les terres d'Azov et de Volodomir existaient réellement. « Il n'existe point en Russie de principauté de Volodomir », m'avoua-t-il. « Autrefois, existait une grande principauté de Vladimir; mais c'était au temps de la Rouss' antique, quand mes ancêtres régnaient sur les terres de Tchernigov. »

– Ah! vous voyez bien que ce ne sont que des mensonges! s'exclama Ribas.

– J'exprimai le même soupçon, figurez-vous. Mais l'hetman, qui a l'air très au fait des manières russes, me rétorqua : « Détrompez-vous, marquis. C'est seulement une façon de dire les choses. Il eût été trop dangereux pour elle qu'on lui révélât la vérité crue. En lui enseignant qu'elle est princesse de Volodomir, on lui signifie qu'elle est l'héritière des anciens maîtres de la Russie. Quant à Azov, c'est aussi une façon de parler : cela veut dire qu'elle a par sa naissance un droit sur toutes les terres de l'Asie russe. » Telles furent les paroles de l'hetman. Comme je lui demandais plus de précisions, il me révéla qu'il la soupçonnait d'être née du mariage secret de l'impératrice Elisabeth avec Alexis Razoumovski... Il m'expliqua que c'était la raison pour laquelle Aline (nous l'appelions ainsi entre nous, du fait de ce nom d'Ali Émété...) avait été élevée dans le Holstein, chez la sœur préférée de l'impératrice, Anna, qui avait épousé le duc de Holstein.

– En effet, cela s'explique..., dit l'Espagnol d'un ton songeur.

– Et voici qu'une nuit de mai 1773 la princesse réveilla tout son monde et nous ordonna de fuir immédiatement car nous allions être poursuivis et emprisonnés pour dette, le baron et moi, pour avoir contresigné ses lettres de crédit. Les abominables banquiers Poncet et Massé avaient esté en justice; et la contrainte par corps était imminente... Là-dessus, elle nous présenta un jeune homme de très bonne mine, en tenue de voyage : « Le comte de Valcourt de Rochefort, maréchal de cour du duc de Limbourg. Le comte va nous conduire en Allemagne. » Puis, comme nous les regardions d'un air ahuri, elle ajouta : « Le comte de Rochefort sera bientôt mon époux. Il m'a demandé ma main. Mais je ne puis lui donner ma réponse qu'après m'être mise en rapport avec mon tuteur, le prince Ali. Allons, messieurs, courage ! nous quittons la belle France. » Quinze jours plus tard, nous étions installés dans la salle à manger d'une luxueuse auberge de Francfort où nous avions loué tout un étage. L'heureux Rochefort était parti annoncer au duc de Limbourg son mariage à venir. Nous étions assis, la princesse, Embs, les deux seigneurs polonais et moi autour d'une table couverte de plats d'argent regorgeant de victuailles et de vins excellents. Tout à coup, la porte s'ouvre à la volée et l'hôtelier furieux ordonne à ses valets : « Ôtez tout ce qu'il y a sur cette table; y compris les vins ! » Puis, s'adressant à nous : « Je ne vous nourris plus, messieurs et madame. Veuillez payer d'abord. Je vous ai hébergés parce qu'un monsieur aussi estimable que le comte de Rochefort m'a dit... Mais depuis une semaine je n'ai pas vu la couleur d'un *pfennig.* » Les serviteurs font disparaître les plats à une vitesse vertigineuse. Mais la princesse ne perd pas son sang-froid. Elle envoie le plus tranquillement du monde un soufflet au visage du maraud qui tentait de lui enlever son verre; et elle achève posément de boire son vin. Puis elle jette le verre par-dessus son épaule et dit à l'hôtelier d'une voix égale : « A mon avis vous perdez la raison, mon brave. Tout sera payé. Les ambassadeurs de Russie près les cours de Versailles et de Prusse doivent m'expédier sans tarder... » Et le goujat d'aubergiste ne la laisse pas finir sa phrase. « Je connais la chanson ! coupe-t-il. Vos ambassadeurs, ils ne valent point les bons clients qui m'arrivent aujourd'hui de Paris... » Là-dessus, il ouvre l'autre battant de la porte et apparaissent Poncet et Massé tout ricanants.

Et voilà que ce nabot de banquier Massé me dit : « Vous êtes auprès d'elle, monsieur le Marquis ; je n'aurais point pensé que vous fussiez aussi sot que moi qui crus à la parole de Madame. » Je voulus bondir sur l'insolent ; mais la princesse me retint de sa douce main. Elle affirma que M. de Rochefort devait rentrer demain et qu'il commencerait par régler les traites de ces messieurs ; « puis je le prierai de vous appliquer un bon soufflet à chacun, à vous qui vous permettez de me déranger dans mon repas. Et si vous estimez que *demain* est encore trop loin, dit-elle en s'échauffant et en tirant brusquement de sa ceinture un pistolet. Je puis pour l'heure vous donner de ceci ! » Cela eut pour effet d'inciter les deux banquiers à attendre jusqu'au lendemain. Mets et liqueurs réapparurent sur la table comme par enchantement, et nous pûmes finir notre repas en toute quiétude. Pour tout vous dire, elle montrait une telle maîtrise que je la soupçonnai d'avoir une grande expérience de ce genre de situation et de compter peut-être bien plus de vingt ans d'âge. Mais le plus extraordinaire, c'est que le lendemain tout s'arrangea vraiment.

– Pas si surprenant, marquis ! La fine mouche avait prévu que le duc de Limbourg serait trop curieux de voir à qui se fiançait son maréchal de cour ; et que, étant accouru pour la voir, il voudrait la séduire et payerait toutes ses dettes, pour commencer.

– Comment avez-vous deviné, Ribas ? Ce fut exactement ce qui se passa. À l'instant qu'elle la vit, Son Altesse le duc Philippe Ferdinand de Limbourg-Stirum s'éprit de la princesse. C'est un grand seigneur plus très jeune, vêtu à l'ancienne mode. Il est prince du Saint Empire romain germanique, seigneur de Limbourg et de Stirum, coseigneur du comté d'Oberstein, prince de Frise et de Wagrie, héritier du comté de Pinnimberg, etc. Pour tout vous dire, ces noms pompeux correspondent pour la plupart à de minuscules terres disséminées dans toute l'Allemagne, sauf Limbourg et Oberstein où sont deux belles forteresses. Néanmoins, en sa qualité de prince régnant du Saint Empire, il possède une cour, des ambassadeurs, une petite armée ; il bat monnaie et crée des décorations qu'il distribue à l'envi contre du bon or, comme tant de princes germaniques. Donc, vous dis-je, voici le duc amoureux d'Aline. Il l'enlève aussitôt dans son carrosse. Au préalable, le maréchal de cour a reçu l'ordre d'honorer cérémonieusement toutes les traites que présentaient les banquiers et aussi la note de l'aubergiste. Et voilà qu'au moment de partir le jeune Rochefort, le « fiancé », se trouve relégué avec nous, les « intendants », dans la berline aux bagages, destinée à suivre l'attelage du duc qui emmène toute la troupe au château de Neisses.

Le rusé agent de l'amiral russe retourna à son hôtel, sur le Grand Canal ; et là, il rédigea son rapport à l'attention du comte Orlov. Puis il s'endormit avec cette tranquillité d'âme bien connue qu'arborent tous ceux qui ont préféré servir un seigneur puissant et redouté plutôt que de se faire l'esclave d'une belle aux yeux de braise. Il fut réveillé par son serviteur à toute épreuve, à qui il donna le rapport en lui disant de le remettre en main propre au comte Orlov. Ensuite il lui tendit quelques pièces d'or.

– Je t'attendrai au château de Neisses, chez le duc

de Limbourg, en Allemagne. Voici pour tes frais de route.

– C'est bien peu, *Señor*. Nombreux sont les relais et les nuitées, de Pise en Allemagne...

– À ton âge et avec la santé que tu as, on a mieux à faire que de courir les auberges ; il y a tant de veuves de par le monde...

Ribas parvint à Neisses à la fin d'octobre 1774. Il montra au duc un billet de recommandation : « Vous pouvez faire confiance autant qu'à moi-même au porteur de la présente. Signé : Marquis de Marines. »

– Bien mauvaise recommandation, en vérité ! s'exclama le duc. Je ne connais pas de plus subtil aigrefin que ce seigneur français. Donc qui êtes-vous, monsieur ?

– Josep de Ribas. Espagnol au service de la Russie et plus particulièrement de l'amiral de l'escadre russe en Méditerranée, le comte Orlov.

– Monsieur de Ribas, j'apprends que vous êtes ici depuis deux jours et que vous collectez des renseignements sur... sur la personne que vous savez...

– Exact, Votre Altesse. C'est ce dont m'a chargé le comte Orlov.

– C'est donc vrai, alors ? Elle a son parti en Russie...

– Pas tout à fait, Votre Altesse. Disons plutôt que de très puissants personnages cherchent à savoir comment elle vit.

– Comment elle vit ? Ah ! mon brave monsieur, sachez que je ne souhaite qu'une chose : l'oublier ! L'oublier à jamais ! s'écria le duc avec colère ; puis sur le ton de l'accablement : Hélas ! comment l'oublierais-je ? Elle me hante ; elle me hante.

– Les très puissants personnages qui m'ont dépêché en Allemagne vous proposent un échange : Votre Altesse nous dira tout ce qu'elle sait sur cette personne ; et nous nous efforcerons de lui rendre la dame.

– Me la rendre ? Comment vous y prendrez-vous ? Vous la détenez donc ?

– Nenni ! Nous sommes seulement intéressés à ce qu'elle mette fin à ses « dangereuses aventures ». Vous aussi, sans doute, pour d'autres raisons... Tout cela ne concorde-t-il point ?

– Sans doute ! sans doute... Ah ! Vous me voyez bien désemparé, monsieur Ribas. Fallait-il qu'à mon âge, à quarante-six ans... Pour mon malheur, cette femme, je l'ai connue en mai de l'année dernière. Une passion fulgurante s'est aussitôt emparée de moi. Elle se présentait fiancée à mon maréchal de cour, le jeune Valcourt de Rochefort, dont elle disait vouloir que je la débarrasse, car mon parti lui paraissait de beaucoup préférable. Heureux de cette marque d'intérêt, j'enfermais l'étourdi dans la prison de ce château, avec un régime très adouci, mets de luxe et possibilité de s'enfuir. Mais le nigaud disait attendre tranquillement « l'aboutissement de ses fiançailles ». J'emmenai donc la princesse au château d'Oberstein, dont je suis le coseigneur. Je lui proposai de l'épouser, mais elle faisait valoir qu'un haut destin l'attendait en Russie et qu'il ne siérait point à un prince du Saint Empire d'épouser une princesse russe sans terre ni papier d'origine. Ne jaserait-on point dans un pays aussi paperassier que l'Allemagne ? Alors elle eut une idée et me dit : « Rassemblez tout votre argent et dégagez Oberstein. Quand vous l'aurez en toute propriété, vous direz que c'est moi qui vous ai donné l'argent nécessaire... que j'ai reçu de Perse. De la sorte, vos cousins régnants croiront, fût-ce à moitié, à l'authenticité de la chose. Et ainsi notre mariage ne paraîtra plus si extravagant... »

– Une combinaison bien étrange, ne vous semble-t-il pas, Altesse ? Que voilà une supercherie de haut vol.

– Certes ! certes ! Aujourd'hui, la chose me semble

évidente. Mais à l'époque... à l'époque, je lui avais répondu, enthousiasmé : « Douce amie, je ne dégagerai pas seulement Oberstein, je vous en ferai cadeau ; afin que vous puissiez vous unir d'égale à égal à un prince régnant d'Allemagne. » Ce qu'elle consentit à approuver... Aussitôt, j'hypothéquai mes terres de Stirum et de Frise. Une fois sa part d'Oberstein versée à mon coseigneur, je me préparai aux fiançailles. J'annonçai par lettres à tous les princes allemands mon prochain mariage avec une princesse héritière des souverains de Russie, fabuleusement riche et qui venait de dégager le comté d'Oberstein... Voyez-vous le ridicule que je me donnai aux yeux de tout le Saint Empire, monsieur Ribas ! Tout cela au bout d'un mois de vie commune... Mais ce n'est pas tout ! Elle fit mieux. Comme je l'avais surprise à mentir et que, malgré tout, je ne parvenais pas – je ne suis jamais parvenu – à démêler dans ses paroles le vrai du faux, je fis prendre par mon banquier (un homme extrêmement discret) des renseignements sur elle. Un jour que j'arrivais inopinément dans sa chambre tandis qu'elle se livrait à des exercices de magie...

– Des exercices de magie ?

– J'appelle cela un exercice de magie ; en fait c'est un rituel divinatoire en usage à Venise ; il consiste à placer dans une bassine emplie d'eau de petites barques qui flottent en portant chacune une bougie allumée... Donc, je la surprends au milieu de cette cérémonie ; et voilà qu'elle me fait une scène épouvantable, hurlant que je l'espionnais, que j'étais indigne de l'amour qu'elle me portait, qu'en compagnie de vils mercantis j'avais osé discuter du temps et du lieu où elle avait fait connaissance du baron Embs, etc. Comment avait-elle pu apprendre cette chose ? Je n'en avais parlé qu'à mon banquier. Elle envoya le baron chercher sa licence de capitaine de Lituanie ; elle me la montra en criant que le baron s'était illustré par ses exploits guerriers et non point en se livrant aux bassesses que de méchantes gens voudraient également imputer à une femme infortunée... Cette licence était signée de l'hetman Oginski. Cela m'a paru suspect, car Rochefort, que j'allais consulter souvent à Neisses, m'avait dit que ce Polonais était ou avait été son amant ; et en plus mes domestiques m'avaient informé que du courrier expédié par ce monsieur arrivait régulièrement de Paris... Donc, je continuais à douter de ses paroles, mais je continuai à la combler de cadeaux ; j'achetai ainsi un « chandelier magique », très étrange, à trois bougies, en bronze, avec un écran en argent, et je le lui offris un soir qu'elle était d'humeur douce. J'allumai solennellement les trois bougies, et – chose extraordinaire – je vis apparaître sur l'écran de petits bateaux qui semblaient flotter sur l'eau et portaient des bougies allumées. « Comme c'est joli ! » dit-elle d'un ton égal : et elle ajouta : « Mon cher duc, je voudrais que vous demeuriez quelque temps à Neisses, tandis que moi, je resterais toute seule ici, à Oberstein. Comprenez-moi, cher duc, je veux que vous vous assuriez que vous me voulez vraiment pour épouse. »

– Votre Altesse n'avait-elle point dépisté la manœuvre ?

– Si, si, monsieur de Ribas. Je fis mine de me plier au caprice de la belle, et repris mes quartiers à Neisses. De son côté, elle chassa d'Oberstein sa suite qui formait ce qu'elle appelait « sa petite cour ». Ainsi, elle expédia à Paris Embs et Marines avec mission d'y faire commerce de mes décorations. Dieu sait à quels gredins ou à quels niais ils les vendirent ! Mais je fus bientôt informé par mes espions qu'un inconnu venant de France s'était installé à Mossbach, une bourgade du comté. Certaines nuits, un émissaire venait la chercher secrètement au château. Des domestiques rapportèrent qu'ils avaient entendu chuchoter en polonais.

– L'hetman Oginski, sans doute...

– Je le pensais aussi. Afin de les surprendre, je décidai de libérer mon maréchal de cour et d'organiser avec lui une équipée nocturne au domicile d'Oginski à Mossbach. « C'est curieux, remarqua Rochefort, j'ai connu l'hetman à Paris ; il m'a paru trop prudent pour se risquer à de telles aventures. » Cette incursion plaça en réalité la surprise de mon côté. Figurez-vous qu'au moment où je provoquai l'hetman en duel, Rochefort me dit : « Ce n'est pas Oginski ! » Alors la princesse, sans perdre son sang-froid, s'écria : « Êtes-vous devenu fou, duc ? Qu'avez-vous à provoquer les gens en duel chez eux ? Et d'abord, que je fasse les présentations : Son Altesse, le duc Philippe-Ferdinand de Limbourg..., Son Altesse le prince Karl Radziwill, voïvode de Vilno... »

– Une surprise de taille, en effet. Radziwill, hôte secret de vos États..., dit Ribas. L'enfant chéri de la noblesse polonaise ; le *pane kochanu* [1], le plus racé des nobles de race, comme on l'appelle en Pologne ! L'ennemi irréconciliable de Catherine II et de Poniatowski ; le champion de la *Rzeczpospolita* [2], à qui l'impératrice confisqua tous ses domaines ; le chef de la Ligue des confédérés, qui préféra l'exil plutôt que de « salir la renommée de ses ancêtres », comme il dit, en composant avec le roi imposé par la Russie... Ah ça ! la surprise était de taille, oui !

– Il y en eut une autre encore plus grande. Sans même me laisser le temps de m'excuser de ma méprise, la princesse ordonna à Radziwill de *la* pré-

1. « Seigneur bien-aimé » en polonais.

2. Étymologiquement en polonais : « république ». Plus exactement, cela désigne une forme d'État indépendant qui se refuse à admettre comme fait accompli le ou les démembrements imposés à plusieurs reprises par la Russie et par les pays germaniques.

senter au duc de Limbourg... Je m'étonnai : « Que dis-tu là, Aline? » « Aline est morte, répondit-elle. Oubliez son nom à jamais. Alors, prince! on vous écoute! » Et voilà que le prince m'annonce d'une voix solennelle : *« Son Altesse impériale Elisabeth II de toutes les Russies, unique héritière légitime du trône de la Sainte Russie. »* Et Aline/Elisabeth ajouta : « Mon cher duc et fiancé, j'eusse aimé pouvoir vous révéler tout cela moi-même tandis que les manigances de mes ennemis m'obligeaient à vous cacher la vérité à vous le mari que Dieu m'a désigné. Et voilà que, comme toujours, vous venez tout gâcher avec vos soupçons stupides. Eh bien, sachez que je suis la fille d'Elisabeth Ire... Je suis née du mariage de l'impératrice avec l'hetman Alexis Razoumovski; mariage secret mais tout à fait légitime. Du reste, tout est consigné dans les papiers que vous tend le jeune Domanski. Ce sont des copies en français et certifiées. Les originaux sont en lieu sûr... »

– Ah! Domanski! s'exclama l'envoyé de l'amiral. Michaïl Domanski, ce jeune noble polonais, l'âme agissante de la Ligue des confédérés!

– Les papiers étaient admirablement rédigés et paraissaient en effet reproduire des pièces authentiques. Ma « fiancée » était intarissable dans ses explications : « En butte à mille dangers, je fus contrainte de vivre sous le nom de princesse Volodomirskaïa. Mais voici que les temps sont venus. Par mon ordre, mon frère l'hetman Kirilla Razoumovski, se cachant sous le nom de Pougatchov, est en train de soulever les cosaques et la paysannerie. Déjà l'Oural et une partie de la Sibérie sont entre nos mains. Aujourd'hui, j'entre en guerre pour défendre mes droits. Le roi Gustave de Suède se prépare à nous assister; la cour de Versailles nous soutient chaleureusement. Chez nous, grâce à Pougatchov, l'insurrection se généralise. Afin que les gens du peuple le comprennent, mon frère a, sur mon ordre, pris le nom de Pierre III... » Elle s'arrêta une seconde et se tourna vers Radziwill et Domanski, qui s'inclinèrent respectueusement, puis elle reprit : « Nous Elisabeth II, jurons solennellement de rétablir la Pologne dans ses anciennes frontières et dans son indépendance. Nous jurons de renverser l'esclave sans naissance Poniatowski, dont la misérable Catherine a fait un imposteur comme elle, et de soutenir la candidature du prince Radziwill lors de l'élection du roi de Pologne. » Les Polonais poussèrent des vivats et je fis mine d'applaudir pour lui être agréable. (N'étais-je point son « fiancé », quelque ridicule que cela me parût, au milieu de cette scène?)

– Et quel était son programme, après ces révélations sensationnelles?

– Elle voulait aller voir le sultan en compagnie de Radziwill, pour le dissuader de signer une paix honteuse avec la Russie. Il s'agissait de maintenir la Russie en guerre, afin d'affaiblir le pouvoir déjà très menacé par la révolte des paysans et des cosaques. Après avoir fait une ultime fois appel à ma trésorerie (Radziwill, en tant qu'exilé, avait déjà vendu tous ses bijoux et ses décorations), elle nous ordonna, aux deux Polonais et à moi, de l'accompagner à Venise où elle comptait s'embarquer à destination de Constantinople.

– En somme, elle voulait vous entraîner dans la conjuration, comme elle a fait de... excusez-moi, Votre Altesse, comme elle a fait de tous ses amants.

– Mais tout épris et torturé que je fusse, je ne me laissai pas faire. Nous rentrâmes cette même nuit à Oberstein et elle me dit qu'il faudrait repousser notre mariage jusqu'à son entrée en possession du trône de Russie et que d'ici là, elle se devait de sacrifier sa vie sentimentale au dur combat qu'il lui restait à mener contre son ennemie. Cela a éveillé mes soupçons. Je connaissais trop le caractère et le tempérament de cette femme peu ordinaire et j'avais collecté suffisamment de renseignements sur elle pour ne pas me rendre compte qu'elle se jouait de moi comme de tous les autres. Un autre détail m'incita à ne point la suivre dans sa chimère, c'était qu'elle exigea que j'enfermasse de nouveau ce pauvre Rochefort, sous le prétexte qu'il venait d'apprendre un secret qu'il n'avait pas à connaître. Le 13 juin 1773, je l'accompagnai à Venise; mais une fois là-bas, je prétextai l'urgence d'une affaire judiciaire en cours à Stirum pour revenir sur mes terres. Je ne l'ai plus revue.

– Daigne Votre Altesse excuser ma curiosité, mais quels renseignements aviez-vous collectés?

– Ce fut mon ambassadeur près la cour de Vienne qui me fournit les meilleures indications. Figurez-vous que cette personne, à peine âgée de dix-huit ans, parut à Bordeaux en se faisant passer pour la fille illégitime de l'empereur d'Autriche.

– Pour la fille de l'empereur d'Autriche? Décidément, c'est chez elle une manie!

– Déplorable manie, assurément. Car Marie-Thérèse exigea des Français qu'ils la lui remissent, et l'interna dans une forteresse. C'était en 1769. Six mois plus tard, après avoir enjôlé le gouverneur de la forteresse, elle s'évada. Et ce fut alors qu'Ali Émété apparut à Gand et fit ses griffes sur un véritable et riche négociant qu'elle traîna ensuite partout avec elle sous le nom de baron Embs. Des diplomates prussiens m'ont confirmé des détails qu'elle m'avait décrits de la Cour de Saint-Pétersbourg où elle disait avoir vécu, et où effectivement ces diplomates ont connu une fillette que l'on présentait comme « la proche parente de l'impératrice Elisabeth ». Les choses ne sont pas simples, comme vous pouvez le constater; et il est difficile de démêler le vrai du faux dans tout ce qu'elle raconte. Voyez-vous, monsieur de Ribas, le plus étrange c'est que, sachant tout cela, je demeurais et je demeure épris d'elle. Rentré à Neisses, je lui ai envoyé mon nouveau majordome de cour, le major Conrad von Knorr, qui jusqu'à l'équipée de Raguse put me tenir au courant de ce qui lui arrivait. J'ai su qu'à Venise l'embarquement fut repoussé plusieurs fois par Radziwill peu enthousiaste, paraît-il, à l'idée d'aller traiter avec le sultan; que la tempête contraignit le vaisseau à s'abriter à Raguse; que le consul de France puis le Sénat de Raguse cherchèrent à la faire déguerpir. Ensuite, j'ai perdu sa trace.

– Je puis raconter la suite à Votre Altesse. Le baron d'Embs est mort à Raguse, tué en duel par un officier français qui avait mis en doute et son grade de capitaine lituanien et la qualité de princesse russe de sa maîtresse. Cette mort en public fut la cause de la rupture entre elle et le prince Radziwill...

– Ah! oui, j'ai entendu dire qu'elle s'était brouillée avec les Polonais. Cela m'a étonné car Radziwill lui jurait à tout instant fidélité...

– En fait, il joue sur les deux tableaux. À l'époque, il pesait ses chances en fonction des succès ou des revers de Pougatchov. Ce dernier ayant perdu, il manœuvre pour se réconcilier avec Poniatowski et recouvrer ses vastes domaines de Nieswiez. Aline alias Elisabeth II ne lui était plus d'une réelle utilité... Malgré tout, l'ancienne alliance est maintenue en secret, semble-t-il. Donc, la princesse s'enfuit de Raguse avec Domanski et un autre confédéré, le comte Czernomski. Cela suffirait à prouver que les Polonais n'ont pas abandonné la partie... Ils se rendirent à Naples.

– À Naples! elle est à Naples...

– Non. À Rome, actuellement. Dans le gros de la fournaise : l'élection du nouveau pape. Votre amie y continue son jeu dangereux. Très dangereux... parce que si elle n'a pas la preuve qu'elle est vraiment la...

– Et si elle la possède? Alors? Alors, elle aura le soutien de la Russie...

– Je n'ai rien dit de semblable, rétorqua Ribas. Nous imaginons mal, vous et moi, Catherine II restituant docilement à une prétendante qui se trouverait, pour le coup, être l'unique descendante de la lignée des Romanov un trône qu'elle a conquis de si haute lutte... Quoi qu'il en soit, les puissants personnages qui m'ont envoyé vers vous voudraient connaître votre opinion sur cette éventualité.

– Je doute qu'elle soit véritablement la fille d'Elisabeth. Mais que m'importe! Tout ce que je souhaite, c'est qu'elle revienne, qu'elle *me* revienne. Je lui pardonne tous ses mensonges. Qu'il lui suffise seulement de renoncer à ses projets chimériques et de devenir simplement la duchesse de Limbourg! Je ne demande rien d'autre.

– Que Votre Altesse daigne croire, dit l'Espagnol, ému, que Votre Altesse daigne croire que je ferai tout ce qu'il sera en mon pouvoir pour l'inciter à revenir à Oberstein...

– Je vous remercie de votre sollicitude, monsieur de Ribas. Mais pour le moment, qu'il vous suffise de lui remettre cette lettre, que je vais rédiger sur-le-champ :

Altesse et Aline.

A cause de vous j'ai refusé bien des partis avantageux; et j'envisage de vivre seul jusqu'à la fin de mes jours. À cause de vous, l'auguste lignage médiéval des Limbourg-Stirum n'aura pas de descendance. Non seulement vous avez bouleversé ma situation, mais vous m'avez fait encourir le mépris de toutes les noblesses d'Europe. Du fait de vos aventures, je suis la risée des cours royales autant que de ma parentèle. Mais je vous ai souventes fois dit à quel point « je ne saurais haïr ce que j'aime ». Si vous êtes prête à renoncer à votre passé et à ne plus citer les noms de

Pougatchov, de Perse, d'Ali et d'impératrice de Russie, et à ne plus débiter de sottises de ce genre, sachez qu'à Oberstein l'on vous attend toujours.

Avec un sourire triste le prince cacheta la lettre de son sceau et inscrivit au recto : « À Son Altesse, la princesse Elisabeth. »

7.

LES DOUBLES JEUX DU SIÈCLE GALANT

Il faut toujours avoir deux cordes à son arc.

Proverbe français.

– Dis-moi, Christenek, que faut-il faire lorsque l'on ne veut point exécuter un ordre ? demande l'amiral à son aimable lieutenant serbe.

– Expliquer à son chef qu'il se trompe.

– Ha ! ha ! Christenek, tu es au service de la Russie. Ne l'oublie pas. Or sache que chez nous, en Russie, le mari et le chef ont toujours raison. Quoi qu'ils fassent et quoi qu'ils disent. Sache qu'en Russie, les ordres les plus absurdes ne sont *jamais annulés*. On les exécute ou... on se borne à faire mine de les exécuter... tandis que ce que l'on fait réellement, c'est ce que l'on veut soi-même. Ha ! ha ! Tiens, tu vas voir. Prends cette plume et écrivons à l'impératrice. Inscris la date : Pise, 23 décembre 1774.

Très gracieuse Souveraine, Juste comme je m'apprêtais à appareiller pour Raguse, en dépit de ma mauvaise santé qui me rend très pénibles les voyages en bateau, à moi l'amiral qui redoute le mal de mer, j'ai appris par mes espions que La *femme que vous savez a quitté secrètement Raguse. J'ai pensé qu'elle était retournée à Venise et j'ai envoyé un agent pour s'en assurer. Mais le prince Radziwill était rentré seul. À ce propos, le bruit court que ce prince cherche à faire sa paix séparée avec le roi de Pologne...*

– Ça, vois-tu, Christenek, c'est un baume que j'applique sur le cœur de ma souveraine, ulcéré par la révolte des nobles polonais. Poursuivons.

Pour en revenir à Elle, sa présence à Naples m'a été signalée par Hamilton, le ministre d'Angleterre. Il paraît qu'elle va se rendre à Rome pour profiter du rassemblement des cardinaux en vue de l'élection du nouveau pape, aux fins d'en gagner quelques-uns à sa cause et sans doute d'obtenir des fonds.

Je mettrai tous mes soins à exécuter la volonté de Votre Majesté impériale. Pour ce faire, j'emploierai la ruse. J'eusse préféré que cela se fît à Raguse; mais il va falloir que je l'attire ici à Pise et surtout à Livourne. Et si jamais ce procédé échouait, il me resterait à employer la force, ainsi que Votre Majesté impériale a bien voulu me le prescrire...

– Là, vois-tu, Christenek, je donne l'impression à notre Petite Mère que c'est elle qui me l'a ordonné, alors qu'en réalité il sera fait comme je l'ai d'abord dit. Nous sommes ses esclaves, Christenek. Ses esclaves. Mais sans servilité. Nous lui suggérons les ordres qu'on veut qu'elle nous donne... Ha! ha! Continuons. Écris.

J'ai donc demandé à Hamilton et au chevalier Dick, le consul britannique à Livourne, de faire pression sur des personnes sûres qu'ils connaissent à Rome, pour qu'elles persuadent la fausse princesse de venir me retrouver ici. Si la respectabilité de ma fonction ne me retenait pas à Livourne ou au palais Rinzio, à Pise, croyez bien, Majesté, que j'irais moi-même à Rome pour m'emparer personnellement de cette criminelle.

– Ici, Christenek, je gage que Catherine entrera en

fureur, mais c'est pour lui faire mesurer l'étendue des risques que je suis prêt à encourir pour satisfaire à ses ordres que je lui écris cela. Bien. On continue.

Voici d'après les renseignements recueillis par mes espions le caractère de ladite femme : très emportée et d'humeur querelleuse; intrigante et se mêlant de tout, rusée et sachant user de séduction et subjuguer les hommes. Soit pour leur soutirer de l'argent, soit pour les gagner à sa cause; et souvent pour les deux. Elle est énormément dépensière; elle veut se donner un train de vie à la mesure de ses prétentions; et, bien entendu, elle se voit fréquemment obligée de recourir à des expédients peu... recommandables. En outre, elle cherche à intimider les gens en racontant qu'elle correspond avec toutes les cours d'Europe. Je me jette à vos pieds sacrés, de tout mon empressement et de tout mon dévouement d'esclave.

De Votre Majesté impériale, le très humble et très soumis comte Alexis Orlov.

À Rome, au mois de décembre 1774, le rusé Ribas se présente au bas de l'escalier de marbre d'une belle maison, non loin du Champ-de-Mars. Un homme de belle mine, à longues moustaches et portant sabre et habits de Pologne, demande courtoisement, en français :

– En quoi puis-je vous être utile, monsieur?

– En m'introduisant auprès de Son Altesse la princesse Elisabeth de Russie.

– Vous faites erreur, monsieur. Ici habite la comtesse Zelinska.

– En effet, s'incline Ribas. En effet, c'est sous ce nom que voyage actuellement la princesse. Je lui apporte une lettre de son fiancé le duc de Limbourg. Je suis chargé de la lui remettre « en main propre ».

– Mon Dieu ! une lettre de Philippe ! s'exclame une voix féminine, à l'étage.

« Elle écoutait aux portes... », se dit Ribas, qui voit

aussitôt apparaître une femme d'une grande beauté, vêtue en amazone vermillon et les cheveux défaits. On le fait entrer dans une salle assez petite, meublée à la romaine. Après avoir demandé : « Mon époux est-il en bonne santé ? », la jeune femme lit la lettre puis, se tournant vers le beau Polonais : « Domanski, à archiver ! »

– N'attendez pas la réponse, monsieur... monsieur... Ribas. J'écrirai ce soir au duc et ferai porter la missive par l'un de mes gens. Quand comptez-vous retourner en Allemagne ? Demain ? Parfait. Vous pourrez dîner avec moi ce soir. J'attends l'abbé Roccotani, le secrétaire de Mgr Albani, vous savez, un cardinal polonais.

« Ça, c'est pour que je dise à Limbourg comme ses affaires vont bien », se dit *in petto* le subtil Espagnol. « Ainsi, ses calculs reposent sur le cardinal Albani... La rumeur le décrit comme *papabile*. Pour l'instant, il est enfermé au conclave, et ne peut pas en sortir avant que l'élection ne soit terminée. Voilà pourquoi, en attendant, elle fait des manœuvres d'approche vers l'abbé Roccotani. Hmm ! Très fine, la mouche ! »

– Pour l'instant, poursuit la voix suave, daignez attendre un moment dans ce salon. Je dois écrire un mot à mon nouvel ami, lord Hamilton, l'ambassadeur d'Angleterre... Ensuite ma camériste viendra me coiffer. Il faut que je sois présentable pour accueillir l'abbé.

L'abbé arrive à l'heure du souper, en compagnie du Dr Salizetti. On passe dans une belle salle illuminée d'une forêt de girandoles qui se reflètent dans de magnifiques glaces murales biseautées. Une table somptueuse est dressée autour de laquelle prennent place l'abbé, la princesse vêtue de sa flamboyante amazone vermillon, le docteur, Domanski, Czernomski (un grand gaillard sombre et taciturne) et Ribas. Des domestiques polonais servent en silence.

Pendant le repas, la princesse mène avec esprit et maestria la conversation qui tourne tantôt autour du sort de la Pologne, tantôt évoque de grands projets relatifs à un changement de pouvoir en Russie, aux manœuvres des cours européennes, ou fait état du récent échec du soulèvement de Pougatchov, ou bien comporte, sous des formes déguisées, un appel de fonds. L'ecclésiastique se tient sur la réserve. Il approuve hautement les intentions que la princesse manifeste de vouloir restituer l'intégrité et l'indépendance de la Pologne ; et il dit ne point douter de la satisfaction qu'éprouvera à la nouvelle de ce programme Mgr Albani qui a tant à se plaindre de la rude mainmise que la Russie impose à ce malheureux pays et jusque sur le ministère qu'il y exerce. Mais l'abbé fait la sourde oreille quand la belle intrigante lui susurre :

– Lord Hamilton est plein de sollicitude pour ma cause. Dernièrement, il m'a proposé un important crédit susceptible de couvrir une bonne partie des frais très lourds que me coûtent les nombreuses démarches et interventions que j'effectue dans toutes les directions aux fins de me gagner les appuis que ma juste cause réclame. Mais vous pensez bien, monsieur l'Abbé, qu'il m'est difficile d'accepter de l'argent de l'ambassadeur d'une cour qui se dit l'alliée de mon ennemie, Catherine l'Usurpatrice. Lord Hamilton m'a dit qu'il me proposait cela à *titre personnel*, c'est-à-dire sur sa propre cassette. Mais vous rendez-vous compte, monsieur l'Abbé, dans quelle incommode position je le mettrais si je cédais à sa proposition ? Comment la chancellerie de Londres prendrait-elle la chose ? Et pourtant... et pourtant... j'ai grand besoin, très grand besoin d'argent pour accomplir ma tâche que je considère comme sacrée, monsieur l'Abbé : délivrer mon peuple du joug de l'Usurpatrice...

L'abbé se contente de dire d'un air onctueux qu'« il faut faire confiance à la Providence, mon enfant. Dieu veille au salut des causes justes; et il aime les chrétiens fidèles... ». Ribas hoche la tête et songe : « Il la gave de bonnes paroles. Du diable si le cardinal risque un seul *zloty* sur cette aventurière! Mais il n'empêche, elle est sacrément rouée! »

– À propos de fidèles chrétiens, reprend la jeune femme pour tenter une ultime manœuvre persuasive en touchant une corde sensible, n'oubliez point de dire à Monseigneur que j'ai décidé d'incliner mon peuple à reconnaître l'Église de Rome. Oui, oui, j'en fais le serment : sitôt que je recouvrerai le trône qui me revient de droit par filiation directe depuis Pierre le Grand, je ramènerai au sein du catholicisme les âmes de mes sujets. Comment trouvez-vous ce projet, monsieur l'Abbé? Ne pensez-vous point qu'il rencontrera bon accueil chez Monseigneur?

– Excellent. Excellent, Votre Altesse. Monseigneur ne pourra que se réjouir de la perspective d'un si soudain retour à l'Église de l'apôtre Pierre d'un si grand nombre de fidèles.

« Quelle habile sorcière! » réfléchit l'envoyé secret d'Orlov. « Quand Catherine II apprendra cela! Elle qui s'est convertie à la religion orthodoxe... Assurément, ce doit être tentant pour le Vatican; mais ces prélats sont gens avisés et calculateurs; ils savent peser prudemment les enjeux... » Et Ribas en a bientôt confirmation quand il voit la princesse tourner vers l'abbé des yeux presque suppliants et prononcer d'un ton insinuant :

– Vraiment, monsieur l'Abbé, je vous prie d'informer Monseigneur que je n'ai décidément pas... non, décidément pas envie d'accepter l'argent des Anglais...

Et l'abbé de répondre avec onction.

– Monseigneur Albani appréciera votre grande

aptitude à résister à la tentation du serpent anglican, ma chère enfant. Je puis m'avancer jusqu'à prendre sur moi de vous donner la bénédiction de Monseigneur.

Et l'abbé élève une main grassouillette et bénisseuse au-dessus de la belle tête éplorée. « Bravo ! » se dit Ribas en jubilant. « Ça a raté : il ne s'est pas laissé faire ! »

La suite du repas languit un peu. Ribas en profite pour converser avec Salizetti, le médecin de la princesse, dûment gagé par le duc de Limbourg, et dont il est le voisin de table. À voix basse, il lui dit que le duc s'inquiète de la santé de Son Altesse Elisabeth.

– Si l'on excepte le fait, répond le mire sur le même ton, que de perpétuelles insomnies, que des fièvres récurrentes et des douleurs de poitrine constituent son lot quotidien, on peut considérer que l'épouse du duc se porte à ravir, compte tenu de surcroît de son inaltérable beauté...

– Il suffit, Salizetti ! On ne vous paye point pour que vous en rajoutiez aux abominables ragots qui courent sur mon com... ompte, s'écrie la princesse en s'étranglant dans un sanglot.

Tout son échec est inscrit dans ses larmes. Mais très vite elle se ressaisit ; et la soirée se termine dans les meilleures formes de la mondanité romaine.

Puis l'on prend congé. L'habile Ribas en profite pour faire un bout de chemin dans le carrosse de l'abbé. Celui-ci ne cesse de s'extasier sur les charmes de l'hôtesse qui vient de le régaler :

– La belle femme ! Quel beau visage ! Qu'il doit être doux de commercer avec elle ! Avez-vous vu comme ses joues sont vermeilles ?

– Vermeilles de fièvre, oui. J'ai idée que la princesse est poitrinaire, dit sèchement Ribas.

– Oh ! Comme vous y allez, mon bon ! Je lui trouve une santé à réveiller un mort. Hé ! hé ! Mais il faut se tenir sur ses gardes avec une femme pareille. C'est qu'elle pourrait faire tourner la tête à plus d'un.

– Ne vous semble-t-il pas, monsieur l'Abbé, qu'elle ne vous a fait venir que pour sonder Mgr le Cardinal à qui elle veut emprunter de l'argent ? La princesse a de grosses dettes, à ce que j'ai entendu dire. Quant à cet Anglais...

– Ah, mon cher, c'est une femme si merveilleuse que si cela ne tenait qu'à moi, j'accéderais à sa demande... Mais il se trouve que Monseigneur est... disons... disons qu'il n'est pas généreux de caractère... En revanche il est doté d'un esprit extrêmement perspicace. Je tiens pour certain que ce que je lui rapporterai des projets de cette personne lui paraîtra trop aventureux, inutilement risqué ; et qu'il y verra une source possible de malheurs pour elle, même pour nous, si nous y donnions suite.

– À mon avis, elle en a conscience. Lorsqu'elle a sangloté au terme de la réprimande qu'elle adressa au docteur, j'ai eu l'impression d'en être déjà au troisième acte.

Les détails de cette soirée furent décrits minutieusement par l'abbé dans son rapport au cardinal Albani, en date du 18 décembre 1774.

L'honorable Dick, consul d'Angleterre à Livourne, apprit que les banques Belloni et Morelli, de Rome, envisageaient de faire procéder à une saisie-arrêt sur la personne et sur les effets de la « comtesse Zelinska ». Orlov, directement informé par le consul, comprit que le moment était venu d'intervenir. Il envoya Christenek à Rome avec mission de n'agir qu'au moment où les recors mandatés par les maisons de banque tenteraient une épreuve de force contre les bretteurs polonais pour s'emparer de la belle, et aussi de Czernomski et de Domanski eux-mêmes, qui avaient contresigné les traites. Le Serbe arriva juste comme Czernomski, le sabre levé, s'apprêtait à décapiter tout de bon un huissier vert de peur.

– Que cesse, messieurs, cette algarade! Et qu'aucun mal ne soit fait à la merveilleuse princesse qui habite cette demeure! s'écria Christenek.

– Qui êtes-vous, beau jeune homme? demanda la princesse agréablement soulagée.

– Un messager. Pour servir Votre Altesse.

– Un messager? Qui donc m'envoie un message, dans une circonstance si pénible?

– Un admirateur auquel vous avez daigné écrire et qui désire se ranger à vos pieds, Votre Altesse. J'ai nommé le commandant de l'escadre russe, Sa Splendeur le comte Alexis Orlov.

– Le comte Alexis Orlov!... Mais dites-moi, mon jeune ami, vous n'êtes pas russe?

– Non, Votre Altesse. Je suis un Slave de Raguse. Lieutenant Ivko Christenek. Mais je sers la Russie, sous les ordres directs du comte. Et justement, le comte fait dire à MM. les Huissiers des banques Belloni et Morelli qu'il prend à sa charge toutes les dettes de Son Altesse. Que MM. les Huissiers cessent immédiatement d'importuner Son Altesse et daignent traiter avec M. Jennings, le banquier anglais installé sur la place de Rome. Tout leur sera réglé sans discussion.

– Entendez-vous, huissiers? Qu'attendez-vous pour déguerpir? Hors de ma vue! Hors de ma vue, chacals! s'écria la princesse qui, se tournant vers le jeune officier de marine, reprit d'un ton radouci: Mais vous, lieutenant Christenek, vous pouvez rester.

– C'est qu'il me faut tout de suite aller voir le banquier Jennings car il se trouve que...

– Savez-vous bien que vous parlez à Son Altesse impériale Elisabeth? interrompit Domanski, pour observer quel effet produisait ce titre sur l'officier.

– C'est ma certitude. Et Sa Splendeur le comte

Orlov en est persuadé aussi. Sa Splendeur m'a ordonné de ne point me retirer sans remettre à Son Altesse impériale ce pli. Il est rédigé en allemand car le comte maîtrise mal la langue française, pourtant si familière à nous tous. Mais je puis la traduire si...

– Sachez, lieutenant Ivko, que la fille de feu l'impératrice Elisabeth sait lire l'allemand! dit avec hauteur la princesse en décachetant fébrilement le pli.

Après l'avoir lu :

– Ainsi, le comte m'appelle à Pise... C'est bon! J'aviserai. Cela demande réflexion, capitaine Christenek.

– Lieutenant, Votre Altesse.

– Capitaine! J'ai dit *capitaine Ivko...* J'obtiendrai moi-même du comte votre nomination. Ainsi, vous voulez partir...

– Il faut que je voie M. Jennings, Votre Altesse. C'est précisément pour régler vos... affaires; sur ordre du comte. Mais je reviendrai demain après-midi pour connaître la réponse que je dois transmettre à Sa Splendeur.

– Monsieur Jennings, Sa Splendeur le comte Orlov, amiral de l'escadre russe, m'a chargé de traiter avec vous des affaires de la comtesse Zelinska au plein agrément de ses créanciers, les maisons de banque Belloni et Morelli.

– Il va y avoir un recouvrement de créance, si je comprends bien. Une assez grosse somme, je crois...

– La créance confondue des maisons Belloni et Morelli s'élève à quelque deux mille ducats.

– Deux mille ducats! Mais c'est une somme, ça! Vous rendez-vous compte, lieutenant? Il y a là de quoi assurer l'existence entière d'une personne normale, sur un pied moyen.

– Sans doute, monsieur Jennings. Sans doute.

Mais aussi bien, il ne s'agit pas de votre argent. C'est l'argent de l'escadre. L'argent de la Russie, donc. Et vous imaginez bien que la Russie ne lésine pas à quelques milliers de ducats près. Bien entendu, la somme vous sera entièrement remboursée. Vous n'aurez qu'à établir un billet. Je signe tout ce que vous voulez.

– Je sais. Je sais bien. Mais tout de même ! Voyez-vous, lieutenant, cet argent, je le regrette. Oui, je l'avoue. Je le regrette. Qu'il soit à la Russie ou à nous les banquiers, ou aux Italiens, je le regrette car cette dame l'a dilapidé d'une manière inconsidérée. C'est un mésusage, en quelque sorte. Un manquement à l'humilité à laquelle se doivent les créatures de Dieu.

– Seulement la comtesse est une grande dame, figurez-vous. Donc, en définitive, vous allez rembourser la créance Belloni et la créance Morelli : deux mille ducats. Et en outre vous livrerez dès demain matin mille ducats supplémentaires au domicile de la comtesse Zelinska. Donnez, que je vous signe le billet. Nous sommes bien d'accord, monsieur Jennings : pour une valeur de trois mille ducats.

– Eh bien, oui... Allons-y pour trois mille ducats, lieutenant Christenek. Deux mille aux créanciers plus mille à cette grande dame au panier percé... Il n'empêche : quel gaspillage ! *By Jove,* quel gaspillage !

Ainsi la princesse put-elle en grand apparat se rendre à Pise.

8.

LE PIÈGE

Je lui ai loué un superbe palais à Pise...
Rapport de l'amiral à l'impératrice.

– En a-t-elle un grand arroi ! s'exclama le comte en regardant depuis la fenêtre du salon d'honneur entrer les onze carrosses dans la cour de son palais à Pise.

– Le messager envoyé par Christenek prétend qu'avec les mille ducats du banquier Jennings elle a constitué une suite de soixante personnes, sans compter les deux nobles polonais et la cauériste, Frau von Meschtede, que lui a procurée le duc de Limbourg, expliqua le sergent Izotov.

– Assurément, son sens du faste est vraiment impérial, ne put s'empêcher de reconnaître le comte. Et il ajouta comme pour lui-même : S'il est à la mesure de sa beauté, rien d'étonnant à ce qu'elle fasse tourner tant de têtes...

Les véhicules se rangèrent en ligne. De celui du milieu descendit Christenek, qui aida la princesse à mettre pied à terre. Elle portait une longue cape de voyage. Quand elle entra dans le grand salon aux lambris dorés et festonnés, le comte, vêtu d'une casaque blanche barrée du ruban bleu de Saint-André et la perruque poudrée à frimas, s'avança majestueusement vers la visiteuse. Elle lui parut belle, mais d'une beauté différente des descriptions qu'on lui en avait faites. « Elle est petite de taille, elle a de grands yeux, largement ouverts, les cheveux et les sourcils châtain foncé », écrira-t-il plus tard à Catherine II. « Son visage est tendu ; piqueté de taches de rousseur. Le corps est maigre et sec. Elle parle très bien le français et l'allemand, pas mal l'italien et un peu l'anglais ; mais à peine quelques mots de russe (pour une princesse de toutes les Russies !). Elle prétend qu'elle possède les langues arabes et persanes. »

Le soir, après un somptueux dîner, Orlov la conduisit au palais Nervi :

– C'est ici la résidence de Votre Altesse impériale. Est-elle à votre convenance ?

– J'ai vécu dans des palais et dans des huttes de roseau. J'ai accoutumé de remercier uniment le ciel pour chaque toit qu'il place au-dessus de ma tête. Mais j'admire, comte, le souci que vous prenez de ma personne et de mes gens.

– Plus qu'un souci, c'est un devoir, Votre Altesse impériale. Un devoir et un plaisir que l'on vous doit à deux titres : votre naissance et votre beauté.

– Comme vous y allez, comte. Ne me dites pas que ma beauté a suffi à vous tourner vers ma cause.

– Votre beauté à vous, et la justice de votre cause... Ah ! que votre vie est surprenante, Altesse, Saint-Pétersbourg, la Sibérie, Bagdad, Londres, Paris, Venise, Raguse... et Pise, à présent... dans ce palais... Quelle histoire merveilleuse...

– Merveilleuse, mon histoire ? Pas plus que la vôtre, comte. Hier, sergent, avec pour frère une nullité avec qui vous partagiez la couche de l'Usurpatrice, vous voici amiral et grand seigneur d'un pays immense... Vous qui ne saviez pas même godiller un bachot ! Votre ascension est-elle moins prodigieuse que celle de mon père, misérable chantre de village à demi illettré épousant la fille de Pierre le Grand? Et que penser du parcours de l'Usurpatrice Catherine, dame de médiocre noblesse allemande épousant le neveu de ma mère, l'héritier du trône de Russie, et le faisant assassiner après avoir pris sa place? Voyez-vous, comte, nous vivons un siècle où les miracles sont possibles.

– Et vous en êtes le plus grand, murmura Orlov en enlaçant de ses bras énormes le corps frêle.

– Hé là! Comme vous y allez avec votre future souveraine!

– Mes souveraines, c'est moi qui les fais et défais... Ainsi, Votre Altesse, sachez que ce n'est pas Catherine qui a tué Pierre II, c'est moi.

– Vous! l'assassin de mon cousin! s'exclama la princesse sans parvenir à contenir un mouvement de recul; puis elle approcha ses lèvres de la cicatrice qui barrait la joue du géant, et celui-ci la souleva comme un duvet.

Un peu avant l'aube, les amants se réveillèrent.

– Cela fait longtemps que j'attendais notre rencontre, s'extasiait Alexis. Dès que je reçus ta lettre, je compris qu'une fois encore, l'heure des grandes décisions était venue. J'en ai déjà fait monter une sur le trône. Et pourtant ce n'était qu'une étrangère. Ce serait péché que de ne point faire pour la petite-fille de Pierre le Grand ce que j'avais fait pour cette Allemande.

– Ainsi, toi que l'Usurpatrice a comblé de biens, de titres et d'honneurs, tu es prêt à défendre ma juste cause, la cause de ta véritable souveraine?

– Tu te comportes en souveraine; tu as l'allure d'une souveraine; tu en possèdes la majesté et le courage. Tu n'as pas hésité à venir jusqu'à Pise...

– Jusqu'à Pise? Où est le danger? Pise a pour suzerain le frère de l'impératrice d'Autriche, parent de mon fiancé. Que pourrait entreprendre un amiral russe sur une terre de l'Empire autrichien? Et puis, n'ai-je point, dispersés dans ce palais, soixante serviteurs?

– C'est bien ce que je dis: tu es courageuse et rusée. Je veux courir le risque avec toi. Mais tu viens de prononcer un mot qui me gêne : « ton fiancé ». À partir d'aujourd'hui, tu n'as plus de fiancé.

– Plus de fiancé, moi, voyez-moi cela! s'exclama-t-elle d'un ton incrédule.

– Non. Car dis-toi bien que je t'épouserai d'abord! Je ne ferai pas comme mon frère Grichka, qui s'est décidé longtemps après qu'elle fut devenue souveraine pour de bon; et à ce moment-là, elle l'a éconduit. Moi, je t'épouse tout de suite. C'est-à-dire maintenant, tant que tu n'es rien; et tant que tu ne peux rien être sans moi.

– N'est-ce pas trop en vouloir, pour le premier jour, comte? J'ai déjà un fiancé...

– Il n'est que de rompre avec ce vieux lansquenet! s'écria Alexis, soudainement irrité. Sache qu'Alexis Orlov ne se contente pas de partager la couche de l'impératrice, il soutient son bras vengeur et au besoin il le guide. Alors, m'épouseras-tu? Oui ou non?

– Quand le temps sera venu, quand l'Usurpatrice aura été chassée, quand nous régnerons à Saint-Pétersbourg. Sache, comte Orlov, que je répugne à faire souffrir ceux qui m'aiment. Les autres, en revanche, qu'ils ne s'attendent pas de ma part à beaucoup plus de mansuétude que l'Usurpatrice n'en réserve au malheureux Pougatchov.

– À propos de Pougatchov, pourquoi as-tu raconté partout que ce bandit était ton frère ou ton oncle? Seuls un fou ou un Européen d'Occident pourraient croire aux plaisantes historiettes que tu racontes sur ton « frère » ou sur ton « oncle » Pougatchov, d'après ce que m'a rapporté Ribas.

– Encore celui-là, cette espèce d'Espagnol qui a toujours l'air de guetter le moment où il va pouvoir vous plonger son poignard dans le cœur. Lorsque je serai impératrice et lorsque tu seras mon époux, je lui ferai crever les yeux pour lui apprendre à regarder avec respect la petite-fille de Pierre le Grand.

– Tu n'as pas répondu à ma question.

– Ta question? Ah! oui : Pougatchov... J'ai dit ce qu'il convenait de dire; ce que les banquiers voulaient entendre de moi. Les banquiers, il faut les brosser dans le sens du poil; ne pas traverser leurs espérances, surtout, sinon on n'obtient rien d'eux. Mon but était qu'ils consentissent à me fournir de l'argent pour ma cause sacrée. Il se trouvait que la lutte que menait ce rustre allait dans le même sens que ce que je tentais d'entreprendre contre l'Usurpatrice. Or Catherine n'a pas que des amis parmi les grands commis de la fortune, et plus d'un banquier espère tirer profit de sa chute. Crois-tu vraiment que j'ignore que Pougatchov n'est qu'un paysan insurgé? Mais d'en faire le frère ou l'oncle de la princesse de toutes les Russies en lutte pour la reconquête du trône légitime, voilà qui ouvrait bien des espérances à certains de ceux qui jonglent avec l'argent comme moi avec l'avenir.

– Comme tu es subtile, ma belle princesse... À propos, comment faut-il t'appeler. J'ai entendu dire que la fille d'Elisabeth était appelée Augusta, à la Cour; et que lorsque son précepteur lui fit passer la frontière... Mais comment s'appelait-il ce précepteur? Un nom allemand...

– Dietzel, mon ami.

– Ah! C'est ça : Dietzel. Mais ce Dietzel, il a bien emmené aussi le neveu de ton père à l'étranger, n'est-ce pas?

– Comme tu te poses des questions inutiles et compliquées!

– Comprends-moi : il est dur de ne rien savoir de sa future femme, de ne rien savoir de son passé, pas même un petit souvenir d'enfance...

– Te voilà bien sentimental ! Tu doutes. Si, je vois bien que tu doutes. Si, si ! Eh bien, des détails, je vais t'en fournir, et des noms aussi. Puisque cela a l'air de te rassurer. Mais à une condition. C'est que tu ne m'importunes plus jamais avec tes questions absurdes à propos de mon enfance, de ma jeunesse, de mon passé et des gens que j'ai connus. Puisque tu veux être mon époux, il te faut m'accepter telle que je suis, avec le passé et l'avenir qui sont les miens, tel que fut l'un et tel que sera l'autre. Eh bien, voilà : Ce fut sur le conseil de la confidente de ma mère qu'on décida de m'envoyer en Allemagne, chez ma tante Anna...

– La confidente de ta mère ? Comment s'appelait-elle, déjà ?

– Johanna Schmidt.

– Ah ! oui. Johanna Schmidt. C'est ce qu'on m'a dit.

– Donc, mon précepteur, Herr Dietzel, fut chargé de nous emmener, moi et mon cousin, c'est-à-dire le neveu de mon père. Ce neveu s'appelait Daragan. Une fois en Allemagne, pour mieux maintenir mon incognito, mon précepteur trouva plus commode de me faire appeler Augusta Daraganova. Mais les Allemands trouvèrent plus euphonique de prononcer Tarakanova. Voilà tout.

– Mais comment es-tu passée du nom d'Augusta à celui d'Elisabeth ?

– Cela , je te le dirai quand je serai assise sur le trône de toutes les Russies. Peut-être que c'est aussi pour l'euphonie ? dit-elle en riant. Un jour, je te narrerai toute chose en détail et tu comprendras tout. Les gens de mon parti en ont décidé ainsi.

– Bon. Admettons. Mais un souvenir d'enfance ?

N'as-tu point quelque souvenir de la vie à la Cour à me raconter?

– Tu es vraiment comme saint Thomas! Est-ce que je te demande autant de détails sur la façon dont tu as trucidé mon cousin l'empereur?

En regardant la grosse figure dépitée du comte, elle éclata d'un rire féroce.

– Voyons! Veux-tu que je raconte ceux de mes souvenirs qui se rapportent à la belle Lopoukhina? Tu verras qu'il n'y a pas que toi qui aies mauvaise conscience devant le trône de la Sainte Russie. Lopoukhina était une dame de la Cour. Une très belle femme. Si belle que ma mère la détestait. À cause de sa beauté, justement, qui attirait sur elle l'attention des hommes. Et ma mère finit par se convaincre que les compliments que les courtisans adressaient à l'impératrice ne comportaient pas le dixième de la sincérité de ceux qu'ils adressaient à la Lopoukhina. Alors ma mère la fit accuser de complot. On lui a coupé la langue et, sur l'échafaud, en public, on lui a donné le fouet. J'étais au premier rang. Le bourreau lui cisailla la langue avec de vieilles forces rouillées. Puis il prit l'organe entre le pouce et l'index et le montra à la foule en vociférant: « Qui veut de la langue? Qui en veut? Elle n'est point chère aujourd'hui. » Après, elle fut fouettée. L'humiliation de cette belle femme, ses hurlements de douleur, les vociférations de la foule, tout cela m'a terriblement impressionnée.

– C'est pourtant ainsi que depuis toujours les choses se passent dans notre chère Russie, admit Orlov. Il n'est point bon de déplaire à la souveraine. Quant aux comploteurs et aux traîtres...

– Au fait, elles étaient deux sur l'échafaud. J'ai oublié le nom de l'autre. Aussi une femme de la noblesse; et condamnée au même supplice. Elle était laide... Mais elle s'arrangea pour glisser sa croix de diamants au bourreau et celui-ci ne fit que semblant de la fouetter : et il lui laissa même sa langue. Cela me bouleversa. Ah ! comte, quel étrange pays que le nôtre. Un pays où même sur l'échafaud les bourreaux sont à vendre !

– Tu n'as pas compris ce pays. Pour le bien comprendre, il faut y être né et y avoir vécu longtemps. En lui remettant sa croix, cette femme l'a désigné comme son frère, en quelque sorte.

– Son frère ? Que me chantes-tu là, comte ? Étranges frère et sœur que le bourreau et sa victime.

– Non, tu n'y es toujours pas : lui donner sa croix, cela signifiait qu'elle lui pardonnait. Pardonner sur l'échafaud, voilà qui est bien de chez nous.

– Alors, c'est parce qu'elle lui pardonne que le bourreau s'abstient de lui faire du mal, si je comprends bien ce que tu veux dire. Et si au lieu de diamants, elle ne lui avait pardonné qu'avec des paroles, hein ? Est-ce qu'il se fût montré aussi clément, le bourreau ? Moi, ce que je retiens de la scène c'est qu'il y avait une belle femme et une laide. La belle fut torturée *parce qu'elle était belle* et n'avait rien à donner ; et la laide sut acheter son salut. Voilà tout.

D'un pas lourd, l'amiral de l'escadre russe gravit l'escalier qui menait à l'appartement de la princesse. Arrivé sur le vaste palier, il s'arrêta devant un grand miroir vénitien. « Une aventurière. C'est une aventurière... La chose est certaine... Et pourtant... Si ce n'en était pas une ? » Il contempla tristement sa grosse face balafrée et rougeaude. « Assurément, c'est là que gît le lièvre. Jusqu'ici, je n'ai fait que flatter mon amour-propre. En fait, je connaissais parfaitement la suite des événements, la fin de la partie... Pourrai-je jouer jusqu'au bout la comédie ? M'accommoderai-je de mon rôle ?... Oui, je m'y tiendrai; j'y arriverai. Parce qu'en réalité, je suis un esclave, rien d'autre qu'un esclave. Et depuis longtemps! »

Il fit quelques pas et s'adressa à un planton commis à la surveillance de l'étage princier. On l'annonça. Elle était assise près de la cheminée, en train de contempler dans l'écran du chandelier que lui avait offert naguère le duc de Limbourg sa propre image : assise devant la cheminée; à ses pieds, comme sur l'écran métallique, sur un tabouret bas se trouvait sa cameriste Franziska von Meschtede. Le comte entra à pas pressés. Il tendit un papier.

– Une dépêche de Livourne, Votre Altesse. On se bat dans les rues. Une vulgaire bataille entre les marins de navires anglais au mouillage et mes marins fortement éméchés. Il y aurait des morts et des blessés des deux côtés. C'est fâcheux, très fâcheux, car les Anglais sont nos alliés, comme vous savez... il paraît que mes officiers parlent de canonner l'escadre anglaise. Or j'ai pour amiral un Anglais, justement, sir Graig... C'est une mutinerie qui se prépare. À coup sûr. Il faut que je parte pour Livourne. Sur l'heure. Y mettre bon ordre.

– Comment cela, partir? fit-elle sur un ton de caprice. Serait-ce donc que vous pourriez partir ainsi, en me délaissant?

– Mais, depuis tantôt deux mois, Votre Altesse impériale semble oublier que l'amour n'est pas notre seul lien. Nous en avons un autre. Songez que je ne dois pas perdre mon escadre de vue *à la veille des événements.*

– Mon Dieu! C'est vrai! L'amour m'a tout fait oublier..., constata la princesse en regagnant son fauteuil.

Elle s'y assit d'un mouvement solennel et dit majestueusement :

– C'est un signe du destin. Il est temps de commencer. Amiral, je pars à Livourne avec vous!

– Il est temps de commencer, répéta le comte en écho. Mais notez une conditi...

– Une condition ? On n'impose pas de condition à la future impératrice de Russie, coupa la princesse avec hauteur.

– C'est que nous nous marierons à Livourne. Un aumônier orthodoxe de la flotte nous unira à bord du vaisseau amiral. Ce sera le début du soulèvement. Je déclarerai ensuite ma volonté à l'escadre. Votre volonté.

Elle demeura un moment pensive, lui jeta un regard aigu, sembla peser les circonstances, puis s'écria :

– Eh quoi ! pourquoi non ? Une cause sacrée nous appelle. Elle nécessite de prendre de gros risques. Advienne que pourra ! Embrasse-moi !

Il l'embrassa fougueusement et elle murmura : « À présent, j'y crois. Tout peut advenir, désormais. Allons, comte. En route ! »

9.

LA CAPTURE

Elle est d'un naturel hardi et se vante de sa bravoure. C'est même grâce à cela que j'ai pu l'entraîner où je voulais.

LETTRE DE L'AMIRAL ORLOV À CATHERINE II.

Le 21 février 1774, à Livourne, la journée était ensoleillée ; une brise légère soufflait du large. Depuis trois jours, la princesse logeait dans une belle villa que le comte avait louée au consul d'Angleterre. De sa chambre, elle pouvait voir l'escadre russe ancrée dans la rade. Pour mettre fin aux prétendues rixes, tous les navires anglais avaient subitement appareillé pour transporter à Naples leurs équipages réputés turbulents. Le consul habitait une autre grande maison, juste en face, sur le port. Justement, ce jour-là, il donnait une réception. Une société brillante était déjà réunie quand on annonça la princesse. Les portes s'ouvrirent toutes grandes, et Orlov clama bien haut, de sa voix puissante : « Son Altesse impériale Elisabeth ! »

Parée d'une somptueuse toilette étincelante de diamants offerte par le comte, elle fit une entrée très remarquée. Les invités défilèrent devant elle en la saluant très bas et en lui baisant la main avec toutes les marques de la vénération. Orlov les lui présentait l'un après l'autre : « Notre hôte, le chevalier John

Dick, et son épouse, consul d'Angleterre et chevalier de l'ordre russe de Sainte-Anne... Sir Samuel Graig, amiral commandant l'escadre russe en Méditerranée... »

Le festin fut magnifique. Par les larges fenêtres de la salle, on voyait les navires russes manœuvrant dans la rade. Un peu avant la fin du repas, les canons tonnèrent.

– En l'honneur de Votre Altesse impériale, annonça l'amiral Graig. C'est le salut des marins russes à la digne héritière du trône.

Czernomski, fortement imprégné de boisson, expliquait passionnément, en polonais, quelque chose d'incompréhensible à Christenek qui faisait mine d'opiner. Seul Domanski demeurait tout à fait lucide. Il pressentait un malheur; il s'était opposé à cette excursion à Livourne; ici, on n'était plus sur une terre d'empire, mais dans un port militaire dont une partie était louée à la marine russe; autant dire qu'on se trouvait dans la gueule du loup! Il ne quittait pas la princesse des yeux. Mais celle-ci ne l'honorait pas d'un regard. Elle contemplait les navires sur la mer, et chuchotait à la femme du consul avec qui elle avait trouvé le temps de faire amitié, mais suffisamment fort, toutefois, pour qu'Orlov entendît :

– Ah! l'amour, ma chère, est cause de bien des peines... Car, voyez-vous, je l'aime, oui. Alors, ces peines, je les bénis...

La femme du consul faisait mine de s'extasier.

– Comme votre âme est grande et généreuse! Quelle chose admirable que de voir l'héritière d'un grand empire mener de front son amour et la reconquête de son trône usurpé... Oh! entendez, Votre Altesse, entendez comme ces navires canonnent à nouveau. Savez-vous que de ma vie je ne suis montée à bord d'un vaisseau de guerre? Mon mari s'y est toujours refusé. Oui. Même pour venir ici, prendre la fonction consulaire. Nous sommes venus en carrosse, à travers la France !

– Ce dut être un voyage éreintant.

– Terrible ! hennit l'Anglaise. Vous qui pouvez tout..., ne voulez-vous pas demander au comte qu'il nous fasse visiter le vaisseau amiral ? Mais surtout, pas un mot à mon mari : il a horreur des bateaux ; s'il savait, il serait furieux.

– Ah ! ma chère, comme je vous comprends, dit la princesse en souriant.

Puis elle se tourna vers le comte et lança, très sûre d'elle :

– J'ai un désir, comte. Je veux me rendre tout de suite à bord. Je veux tout voir de mes yeux.

Un silence terrible tomba. Tous les invités échangèrent des regards significatifs. La femme du consul battit des mains. Domanski pâlit. Il se leva, saisit le sabre de Czernomski, dégaina et voulut expliquer qu'il allait trancher la tête de quiconque oserait toucher à la princesse... Mais d'un geste prompt Christenek lui arracha l'arme en criant :

– Pan Domanski, apprenez qu'on ne dégaine pas dans la maison d'un consul d'Angleterre !

Il y eut un froid qui alourdit encore le silence.

– *Aoh ! Yes ! It is a very good idea ! Isn't it ?*

– Altesse, commença Orlov d'un air embarrassé. C'est impossible. Nous sommes en pleines manœuvres. Les canons tirent. C'est dangereux...

– Dangereux ? Comme ce mot résonne étrangement dans la bouche du héros de Tchesme ! s'exclama la princesse. Décidément, je ne vous reconnais pas. Si c'est dangereux, c'est justement là qu'est votre place et la mienne.

Ribas se pencha vers Christenek et lui dit tout bas, à l'oreille :

– Voyez comme elle est : pour qu'elle ait envie de quelque chose, il suffit de lui opposer un refus. Ah, oui, vraiment ! le comte est un fin compère.

Ivko sourit avec admiration.

– M. le Comte a raison, dit Domanski en se tournant vers la princesse. C'est faire courir un risque bien inutile à l'héritière des tsars. Qu'adviendrait-il si...

Graig, qui jusque-là était demeuré silencieux, comprit que le Polonais risquait de ramener la proie à plus de raison. Alors il jeta vivement :

– Foi d'Anglais et parole d'amiral ! Je jure de reconduire la princesse à terre, vivante et intacte.

Il n'y avait plus lieu d'opposer quelque réticence que ce fût. Orlov proposa :

– Soit ! Puisque M. l'Amiral se porte garant, pourquoi ne pas profiter de notre visite à son bord pour nous marier ? L'aumônier s'y trouve justement, n'est-ce pas, amiral ?

– Exactement, Votre Splendeur. A l'instant, j'envoie prévenir les officiers, pour qu'ils se mettent en tenue de parade, qu'on hisse le pavillon d'honneur. Afin qu'on accueille impérialement la petite-fille de Pierre le Grand, fondateur de la flotte de toutes les Russies.

Après la revue d'honneur sur le pont, le comte et la princesse, avec leur suite, se retirèrent à proximité du gaillard d'arrière. On dressa une table et un petit autel.

– Remplissez les coupes, messieurs. Sa Splendeur Alexis Orlov boit à son amour, dit le comte en russe à ses officiers.

– Que dis-tu ? demanda la princesse en allemand.

– Je leur parle de l'amour qui est le nôtre, de notre amour. Ce maudit prêtre tarde à venir. Qu'est-ce qu'il fiche, bon sang ! Je vais le chercher, ma petite souveraine, je cours le chercher.

Et il s'éloigna. Tout en contemplant la mer elle répétait, ravie, heureuse, « ma petite souveraine... Il m'a appelée sa petite souveraine ».

Tout à coup, une voix rogue et brutale ordonna : « Remettez vos épées, messieurs ! » La princesse se retourna et vit dans la foule des officiers Domanski sortir brusquement un pistolet tandis que Czernomski dégainait son sabre et faisait de redoutables moulinets autour de lui. Aussitôt, trois matelots s'accrochèrent à ses bras et, après une courte lutte, parvinrent à désarmer le sabreur. Alors, Christenek se précipita, l'épée à la main, en criant : « Holà ! Que faites-vous, messieurs ? », mais il fut désarmé à son tour, sans ménagement. Après une courte hésitation, Domanski remit, lui aussi, son pistolet à un marin, puis, regardant la princesse dans les yeux, il dit bien haut, en français :

– Nous sommes trahis, Majesté !

Atterrée, elle demanda d'une voix blanche à un officier :

– Que se passe-t-il ?

– Par ordre personnel de Sa Majesté impériale Catherine II, vous êtes arrêtée.

– Comment ? Et d'abord, qui êtes-vous ?

– Capitaine Litvinov, pour obéir aux ordres de Sa Majesté impériale. J'ai été désigné pour vous signifier votre arrestation.

– Comment ? Il y a erreur. Appelez immédiatement Sa Splendeur !

– L'amiral Graig, commandant des *Trois-Évêques*, vient d'arrêter le comte Orlov pour haute trahison.

La princesse tomba à la renverse, privée de sentiment. Des matelots l'emportèrent dans une cabine, dans le gaillard d'arrière. Graig apparut sur le pont.

– Qu'on tienne ces messieurs dans le gaillard d'avant, et sous bonne garde !

Litvinov emmena Domanski et Czernomski, pâles de rage.

– Et la princesse, comment va-t-elle ? demanda l'amiral.

– Bien. Elle nous fait la comédie de l'évanouissement. Elle a fermé les yeux afin de mieux calculer ce qu'elle va faire ensuite.

– Qu'on prenne soin de bloquer tous les accès à cette partie du navire. Qu'on assure une garde très étroite, jour et nuit. Au point que pas même un oiseau ne puisse approcher.

Les soixante serviteurs étaient massés dans le grand salon du palais Nervi. Ils écoutaient d'un air surpris les paroles du capitaine Christenek qui se tenait derrière une table de marbre et s'apprêtait à leur distribuer une grosse somme d'argent.

– Allons, mes bons messieurs. Servir n'est point souffrir. Au reste, vous en avez fait votre profession ; et celle-ci n'a pas que du mauvais comme vous pourrez le constater en palpant les pièces d'or que la princesse m'a enjoint de vous remettre royalement, manière de vous signifier votre congé.

Après la distribution, Christenek dit :

– M. Jan Richter, le majordome, et Mlle Franziska von Meschtede, dame d'atours, ne sont pas congédiés. Ils demeurent au service de Son Altesse. Ils vont faire transporter tous ses effets et cassettes à bord du vaisseau amiral.

– J'ai des ordres, objecta Richter : je ne puis remettre les affaires de la princesse qu'en main propre.

– Justement. Vous embarquerez tous les deux et accompagnerez Son Altesse impériale et son époux le comte Alexis Grigorievitch en Turquie. L'appareillage est prévu pour ce soir à minuit. Tels sont les ordres de Son Altesse. Où que l'on soit, servir se doit.

Une fois à bord, les malles contenant les effets furent déposées dans le salon de l'amiral Graig. Et l'inventaire commença aussitôt, en présence de Richter que deux matelots encadraient étroitement. Un greffier notait la désignation des articles que deux matelots exhibaient à tour de rôle à Christenek. Celui-ci énonçait d'une voix monotone :

– *Robes de taffetas rayé, deux. Jupes noires à crinoline avec drapé de mousseline, deux. Jupes céladon en lin des Flandres, deux. Corsages de soie, cinq. Jupes de satin lamé d'or, quatre. Corsages de linon de couleur ponceau, deux; de couleur mauve, trois. Châles de Bourgogne en laine à motifs floraux, sur fond noir, deux; sur fond blanc, trois. Sortie de bal en satin de couleur bleu ciel, une; de couleur rose thé, une. Robe de satin blanc et d'organdi...*

Orlov entra et regarda d'un air amusé les vêtements féminins qui jonchaient le sol. Le capitaine Litvinov vint lui apporter une lettre. « L'amiral Graig vous fait parvenir ce message de la princesse. » Le comte ouvrit la lettre pendant que Christenek, de sa voix égale, poursuivait son énumération.

– *Cafetans polonais en satin rayé, trois. Déshabillés d'intérieur en soie, quatre. Dessus de lit en mousseline de Gand...*

Orlov examinait le billet couvert d'une écriture hâtive et agitée. Certaines lignes paraissaient avoir été délavées par les larmes – des larmes de colère, sans doute : ... *Vous m'avez si souvent assurée de votre fidélité. Où étiez-vous lorsque l'on m'a arrêtée?*

– *Ceinture à glands d'or, une. Vestes d'amazone, rouges deux; verte, une; bleu roi, une; feuille-morte, une. Camisole à pompons et boutons d'argent ciselé, une. Draps en toile de lin, trois. Taies d'oreiller, deux. Nappes brodées aux armes de Russie, quatre. Nappe simple à feston et à ganse...*

L'ancien vainqueur de Tchesme savourait son nouveau triomphe : *Je ne le crois pas. Je ne veux pas le croire... Non. Jamais vous n'auriez pu agir ainsi. Même si tout cela était vrai, je me refuse à vous imaginer capable de tant d'ignominie. Par tous les saints, je vous en conjure : venez me voir! Venez me voir. Venez!*

– *Chapeau rond, couleur tabac, un. Chapeau plat à large bord, blanc à voilette noire, un; noirs à voilette blanche, deux. Paires de bas de soie, dix-huit. Paires de souliers usagés, dix. Bottines haute tige à lacets, trois paires. Paires d'escarpins usagés, huit. Paires d'escarpins neufs brodés d'or et d'argent...*

Et c'est qu'elle s'obstine : *Je suis prête à me plier à tout ce que vous avez préparé à mon intention. Je veux bien me résigner au fait que vous m'ayez privée de liberté et de bonheur. Et j'admettrai aussi facilement que, changeant subitement d'avis, vous me libériez de cet horrible emprisonnement; mais quelle que soit votre décision, venez!*

La voix du Serbe poursuivait sa litanie par-dessus les froissements soyeux des chiffons et les grincements de la plume d'oie sur le registre.

– *Paires de gants en peau de daim ou de chamois, douze. Éventails de papier orné de fleurs peintes à la main, deux. Éventail de soie sur lames d'ivoire et représentant une scène mythologique, un. Tableau à l'huile représentant la bataille de Malplaquet, avec son cadre doré grand d'une coudée au carré, un. Tableau à l'huile représentant une vue générale de la bataille de Tchesme, avec son cadre doré grand de deux coudées sur une, un. Plaque de cuivre gravé, longue d'un quart d'archine et large d'un demi-empan, représentant l'image du Sauveur, une. Livres étrangers en français, onze; en allemand, trois. Dictionnaire français-allemand, un. Cannes de jonc à manche d'ivoire, deux; à pommeau d'argent, une. Paires de pistolets avec assortiment de poires à poudre et d'écouvillons, sept.*

Le comte manipula négligemment quelques pistolets, hocha la tête, puis se tourna vers une cassette que gardait un matelot, baïonnette au fusil :

– Et les papiers?

– Exactement selon vos ordres, Votre Splendeur. Personne n'y a touché.

– Parfait. Je vous signe un sauf-conduit pour transporter en compagnie d'un détachement de douze hommes en armes cette cassette chez moi, à Pise. Partez immédiatement.

Tandis que Christenek faisait cosigner à Richter l'inventaire des effets de la princesse, Orlov envoya chercher l'amiral Graig.

– Amiral, vous appareillerez ce soir. Tâchez de faire escale le moins possible. J'ai envoyé un pli au consul Dick. À Plymouth, des indications vous seront données sur la marche à suivre. Vous pourrez vous y arrêter pendant tout le temps nécessaire au renouvellement des équipages. Dispersez les Polonais sur différents navires de votre suite. Ne gardez sur le vaisseau amiral qu'*elle* et sa caméristе. Veillez du mieux possible à ce que la nouvelle ne s'ébruite pas. Quoi qu'il en soit, vous recevrez en rade de Cronstadt des instructions relatives au débarquement de cette personne; débarquement qui aura lieu en grand secret, j'imagine.

– C'est que... la lettre, Votre Spl..., voulut dire Graig.

– A présent que l'inventaire est terminé, Christenek va faire transporter tous ces effets dans sa cabine. Veillez à lui procurer des livres en français ou en allemand. Je la connais. *Elle* aime lire.

– Mais où trouverai-je des livres français? Votre Splendeur sait bien qu'à bord des bateaux de la marine russe, il n'y a qu'un seul livre : *Le Règlement du service en mer.*

– Demandez à Dick. C'est un grand connaisseur de la littérature française. S'il ne peut vous en procurer, envoyez en acheter chez quelque bouquiniste de Livourne. Telle est votre mission, amiral.

– J'en ai accompli de nombreuses. Mais celle-ci – ce voyage à Cronstadt – est sans conteste la plus ingrate. Et la lettre...

– Ah oui, la lettre! je lui écris tout de suite un billet en allemand, que vous lui remettrez vous-même.

Daigne Votre Altesse me croire. Le malheur nous est tombé dessus là où nous ne l'attendions pas. Soyons patients. Je me trouve dans les mêmes conditions que vous, mais j'espère recouvrer d'ici peu la liberté, grâce à l'amitié de ceux de mes officiers qui me sont encore fidèles. Dieu ne nous abandonnera point. J'ose imaginer que, par sympathie pour moi, l'amiral Graig me laissera m'évader. Il est à croire qu'il vous rendra tous les services possibles. Tenez compte du fait qu'il lui faut agir avec beaucoup de prudence et qu'un certain temps lui sera nécessaire, sans doute, pour donner satisfaction à nos plans. Dès que je serai libre, je vous rechercherai dans le monde entier et viendrai me mettre à votre service, dussé-je, pour ce faire, déjouer toutes les polices de Russie. J'ai reçu votre missive des mains de l'amiral lui-même; et je l'ai lue les larmes aux yeux. Se peut-il que vous vouliez me tenir responsable? Prenez soin de vous, de votre santé surtout. Rien ne me garantit que vous recevrez cette lettre, mais j'ai suffisamment foi en la courtoisie et en la noblesse de cœur de l'amiral pour croire qu'il vous la remettra. Je vous baise les mains de tout mon cœur.

Orlov réfléchit quelques instants, et finalement renonça à signer.

Au palais Nervi, à Pise, le comte eut un long entretien avec Ribas et Christenek.

– Messieurs, vous m'annoncez que l'escadre vient d'appareiller, cap sur l'Angleterre. Excellente chose. Est-ce que la foule était toujours massée sur le port?

– Oui, Votre Splendeur, affirma Ribas. Les habitants de Livourne sont très mécontents. La rumeur parle de rapt, d'acte de barbarie asiatique, de guet-apens fomenté par le consul d'Angleterre pour le compte de Catherine II, de piraterie à la solde des Russes et des Anglais, et bien d'autres calomnies abominables. On se rend compte, à présent, que la mystérieuse princesse semble avoir enflammé les imaginations des gens de cette région. On entend dire qu'elle était entourée de pères jésuites et que ceux-ci...

– « La mystérieuse princesse » ! Vous voulez dire « la criminelle », oui ! Et à votre avis, y a-t-il risque d'émeute ?

– À Livourne, apparemment pas. Mais on ne peut jurer de rien.

– Hum ! je vais faire renforcer la garde autour de mon palais. Je me méfie de ces foules italiennes. Elles sont promptes à s'emporter, et je les soupçonne d'être capables de saccager les intérêts et les biens russes. Bon. Messieurs, je vous envoie tous deux à Saint-Pétersbourg. Vous y porterez des documents hautement secrets. Vous, capitaine, vous remettrez à l'impératrice la lettre que je vais rédiger tout à l'heure. Vous, Ribas, je vous confie tous les papiers de la criminelle. Vous devrez atteindre Saint-Pétersbourg le plus vite possible de manière que les données de l'enquête de fond soient prêtes assez longtemps avant l'arrivée de la personne en question. Une audience exceptionnelle vous sera réservée. N'hésitez pas à décrire en détail à l'impératrice tous les périls que j'ai encourus dans cette affaire... Je pense que désormais je ne puis en aucune façon demeurer en Italie.

Lettre du comte Orlov à Sa Majesté Catherine II, de Pise, en date du 22 février 1775 :

Votre Majesté impériale a daigné m'ordonner de lui livrer la dénommée princesse Elisabeth. En esclave dévoué, j'ai employé toutes mes forces pos-

sibles et le zèle de tous mes subordonnés afin d'accomplir votre volonté. Ladite criminelle et sa suite ont été capturés hier et embarqués à Livourne à bord de différentes unités de l'escadre, sans effusion de sang. L'amiral Graig a appareillé immédiatement à destination de Plymouth. Je joins les noms des personnes prisonnières qui accompagnent la criminelle vers la destination de Cronstadt. Parmi ces personnes, se trouvent deux nobles polonais et une dame noble allemande qui la suivait en qualité de dame d'atours. Plus quelques serviteurs polonais et tchèques.

Le comte examina les papiers contenus dans la cassette. Il défit plusieurs liasses de lettres (des doubles et des originaux) émanant ou destinées à diverses chancelleries, à des rois, à des princes, à des ducs, au sultan. Il trouva aussi ses propres lettres d'amour; celles-ci, il prit soin de toutes les brûler. Puis il numérota méthodiquement les documents. Enfin, il reprit la rédaction de son courrier.

Toutes les lettres et papiers saisis, je les envoie dûment numérotés à Votre Majesté pour la conduite de l'instruction. La criminelle connaît de nombreux ducs et princes, notamment le duc de Limbourg, et paraît avoir rencontré le roi de Prusse. La Cour de Vienne la tient pour son alliée, et toute la Confédération germanique applaudit à sa célébrité. Elle m'a elle-même parlé de son intention de se rendre auprès du sultan. Je n'ai pas réussi à découvrir qui elle est en réalité. *Par conséquent, je ne suis pas en état de fournir une opinion personnelle quant à sa véritable identité.*

Le comte se leva de sa chaise et fit quelques pas dans la pièce, l'esprit embarrassé. « C'est maintenant le plus difficile à écrire.... », se dit-il en se rasseyant.

Elle semblait bien disposée à mon égard. C'est pourquoi je fis mine de m'éprendre d'elle. J'ai fini par la convaincre que je l'épouserais volontiers. Elle s'est laissé tenter, et elle l'a cru. Que votre Majesté sache bien que je serais allé jusqu'à cette extrémité *si l'accomplissement de ma mission l'eût exigé. J'estime de mon devoir de tout confesser à Votre Majesté comme à Dieu lui-même et de ne rien lui cacher de mes pensées; depuis le début de l'année, elle avait annoncé dans de nombreux pays que je lui étais tout dévoué. Je me suis donc vu contraint de lui offrir mon portrait en médaillon, qu'elle conserve sur elle. Si jamais quelque personne malintentionnée, en Russie, cherchait à me faire du tort, elle trouverait ici matière à me nuire gravement. Je joins une ultime lettre que j'ai reçue hier, sitôt après son arrestation. Jusqu'à présent, la criminelle croit que je n'en suis pas responsable. Elle possède aussi un billet en allemand, écrit de ma main, en retour, mais non signé, comme quoi je tenterai de la sauver et de la faire évader...*

Le comte transpirait à grosses gouttes. « Mon Dieu, qu'il est parfois dur de servir sa souveraine! Mon Dieu, qu'il peut en coûter à un vil esclave... Mais nul ne pourra jamais me reprocher de n'avoir point servi ma Petite Mère jusqu'au bout. » Il retrempa mélancoliquement la plume dans l'encrier.

Je prie Votre Majesté de ne pas me faire grief d'expédier la présente missive à l'état de brouillon. Comme je crains que mes ennemis ne s'avisent d'intercepter ce courrier ainsi que les papiers de la criminelle, je les fais porter par deux messagers spéciaux, M. de Ribas et le capitaine Ivko Christenek, mon premier aide de camp. Que Votre Majesté daigne faire très bon accueil à ces deux envoyés, car depuis cinq mois, ils ont beaucoup œuvré à la connaissance et à la capture de ladite personne, et – j'ose l'espérer – pour la plus grande satisfaction de Votre Majesté, à qui il aura suffi d'ordonner pour que son très humble serviteur s'exécute au point de ne plus se sentir en sécurité en Italie.

Orlov cacheta la lettre, se leva et s'étira. Alors il aperçut sa silhouette dans le grand miroir de Venise fixé au mur d'en face. À la lumière vacillante des girandoles et des chandeliers, il regarda longuement son image. Puis, saisissant un candélabre en bronze qui se trouvait à portée de sa main, il le lança violemment contre la glace en hurlant : « Esclave ! je ne suis qu'un misérable esclave ! »

10.

PRÉPARATIFS POUR L'INTERNEMENT

À notre époque, cher ami, on rencontre en prison des gens très convenables.

BUSSY-RABUTIN, Lettres

L'escadre mouilla pendant trois semaines à Plymouth. Radoub, réapprovisionnement, triage des équipages, etc. Malgré la consigne du secret, le bruit finit par se répandre dans le port, puis à Londres, que l'héritière *légitime* du trône de Russie était retenue captive sur le vaisseau amiral. Pendant plusieurs jours, des centaines de barques chargées de curieux vinrent tourner autour du navire, de l'immobilité prolongée duquel la princesse déduisit qu'il devait être à l'ancre. Par un minuscule hublot, elle pouvait voir des gens qui, juchés sur de toutes petites embarcations, faisaient de grands signes avec des mouchoirs, et même quelques drapeaux russes. Franziska, qui avait l'ouïe très fine, crut même entendre le nom d'Elisabeth crié par des gosiers britanniques.

La princesse fit appeler l'amiral Graig. C'était la première fois qu'il se montrait depuis sa « trahison » de Livourne.

– Où sommes-nous, amiral?

– À Plymouth, Votre Altesse. Pour vous servir...

– Quelle destination après Plymouth?

– Cronstadt, Votre Altesse. Cronstadt sans escale.

– C'est donc que le comte ne viendra pas. C'est donc que vous vous êtes tous deux moqués de moi. Emportez ces maudits livres. Je ne veux pas de livres. Aucun livre ne pourra jamais consoler mon désespoir. Je hais ce misérable traître d'Orlov!

Impassible, Graig laissait passer le grain. La jeune femme fut prise d'une quinte de toux. Elle parvint à articuler :

– Pourquoi ne me permet-on pas d'aller sur le pont? Ne voyez-vous pas que je manque d'air? S'il vous restait le moindre sentiment d'humanité, vous me laisseriez respirer. Cette toux me tuera. J'ai besoin d'une gorgée d'air, monsieur. Ou bien est-ce aussi un ordre du comte?

– Je vous jure de vous laisser aller sur le pont dès que nous aurons quitté Plymouth...

– Et pourquoi loin du port, s'il vous plaît?

– C'est que... c'est que la nouvelle de votre capture attire ici de nombreux curieux qui entourent de très près notre navire. Je ne peux pas vous laisser sortir pour l'instant. Suivez mon conseil : prenez votre mal en patience. Et espérez en la destinée : l'impératrice de Russie est bienveillante...

– Où vit-on jamais qu'un usurpateur fût bienveillant envers l'héritier légitime du trône qu'il lui a volé? Décidément, il faut être anglais pour s'imaginer une chose pareille!

L'amiral se retira, et la porte se referma avec un bruit de verrous. La princesse se tourna vers sa suivante et lui dit sur un ton de grande excitation :

– Nous avons des amis qui ne nous abandonnent pas. J'entrevois une possibilité de nous tirer de ce très mauvais pas. C'est notre dernière chance. Ensuite, ils nous emmèneront en Russie. Il va falloir bien jouer. Tu vas te mettre à crier « La princesse se meurt! » jusqu'à ce qu'ils ouvrent. À ce moment-là, nous forcerons le passage jusque sur le pont. Tu feras mine de traîner une agonisante, sans t'arrêter devant quoi que ce soit. Une fois sur le pont, tu crieras qu'on aille chercher un médecin, de manière que les curieux qui sont sur les barques t'entendent. Et à ce moment-là, peut-être, et si Dieu le veut, nous serons libres...

La tentative parut d'abord réussir. Les deux femmes atteignirent le pont et même le bordage, sous le regard des matelots éberlués qui n'entendaient rien à ce que disait Franziska ni ne comprenaient ce qui se passait. Déjà, la princesse s'accrochait au plat-bord et faisait de grands signes aux gens qui se pressaient dans les barques et qui criaient des paroles inintelligibles. Franziska appelait en français, à grands cris : « Un médecin ! Qu'on aille chercher un médecin. La princesse se meurt... »

Les matelots étaient irrésolus. Mais apparut un officier voilier qui, passant par là, saisit instantanément la situation. Il s'approcha vivement de la princesse et lui dit en français tout en essayant de l'entraîner vers l'écoutille : « C'est défendu, madame. L'amiral l'a défendu. » Les deux jeunes femmes se cramponnèrent en hurlant aux gréements, et il y eut un tumulte. Des matelots appelés à la rescousse par l'officier finirent par leur faire lâcher prise et les emmenèrent avec brutalité dans les profondeurs du vaisseau. En bas, dans les barques, les gens se rendirent compte du tumulte mais ne comprirent pas vraiment quelle tragédie se jouait devant leurs yeux de simples curieux.

Une fois dans sa cabine, la prisonnière s'effondra sur sa couchette en sanglotant :

– Oh ! Franziska, c'est fini. Cette fois, je suis perdue. Je suis perdue ! Bientôt, je serai morte !... C'est fini...

Dans la nuit qui suivit, l'escadre appareilla précipitamment.

Dans les premiers jours du printemps 1775, au palais de Kolomenskoïe, à Moscou, Catherine accordait une audience privée aux deux envoyés de son cher amiral de la Méditerranée. Tout en nourrissant de biscuits sa famille de levrettes, elle écoutait le récit des péripéties de l'arrestation de l'audacieuse inconnue, que lui faisaient en français les deux hommes.

– Vous aussi, monsieur de Ribas, vous prîtes une part active à la capture?

– Oh, une part bien modeste, Majesté. Un travail d'espion ou de policier, tout au plus. Le montage de l'opération est le fait du capitaine Christenek, comme l'a justement écrit Sa Splendeur.

– Sa Splendeur... oui, oui..., rumina l'impératrice en parcourant la lettre de son ancien favori. Si je m'en tiens à son récit, le comte Alexis est devenu bien prudent. Il jure ses grands dieux qu'il n'a eu aucune accointance avec la criminelle; ni passade amoureuse ni calcul à longue portée... Comme cela lui ressemble peu. C'est que je le connais, moi, le caractère de l'homme à la balafre. Je le trouve particulièrement touchant lorsqu'il affirme qu'il redoute la vengeance des habitants de la ville...

– Cette affaire a provoqué de grands troubles à Livourne, Majesté.

– De grands troubles, tiens, tiens! Et vous, capitaine Christenek, qu'avez-vous à dire touchant ces troubles en Italie?

– Votre Majesté pourrait presque imaginer que la région se trouve au bord d'une révolution! ironisa le jeune Serbe. Il n'en est rien, cependant.

– Que vous en semble, monsieur de Ribas? Pourquoi le comte ne s'est-il pas plié à nos instructions? Pourquoi ne s'est-il pas fait livrer l'usurpatrice directement par le Sénat de Raguse?

– Petite Mère souveraine je puis vous assurer que ce lui fut impossible. Lorsqu'il reçut votre lettre, elle avait déjà quitté cette ville. Et lorsque je m'y rendis pour recueillir des informations sur cette personne, en vue de la faire livrer, elle se trouvait déjà à Naples, en réalité. Pourtant il ne pensait qu'à cela, le comte; s'emparer de celle qui s'arrogeait un faux nom et de faux titres, et la livrer à Votre Majesté.

Là-dessus, Potemkine entra. Il jeta un coup d'œil sur les documents que les envoyés venaient d'apporter et comprit de quoi il retournait.

– Pourquoi te tourmenter à cause des machinations de ce faiseur de manigances, Petite Mère? Laisse-les aller, dit-il.

Puis, s'adressant aux messagers avec mansuétude :

– Allez en paix, mes braves. Vous avez très bien accompli votre mission. Reposez-vous tranquillement des fatigues du voyage.

Quand le couple se retrouva seul, Potemkine dit :

– Cet Alexis est un traître. Il a voulu *tâter le terrain*...

– Oh! Comme tu t'exprimes, mon ami.

– Si, si, Catherine, c'est visible : Quand il a compris que *ça* ne marcherait pas, qu'elle était réellement une usurpatrice, et seulement alors, il s'est décidé à te la livrer. Mais, bassement, il s'est d'abord adonné aux plaisirs de l'amour. Et ensuite, comme la dernière des catins...

– Mais elle est la dernière des catins. Et tu sais bien que le comte nous est tout dévoué. Je ne veux pas que tu fasses de tort aux Orlov dans mes pensées.

– Et pour avoir monté cette affaire, tu le laisserais revenir à Pétersbourg? Pour qu'il s'allie de nouveau avec le clan...

– Pour l'instant, il n'est pas autorisé à quitter Livourne. Mais lorsque commenceront les fêtes de la toute récente paix que nous venons de signer avec les

Turcs, alors je le ferai venir à la célébration. Et même le comte recevra solennellement le titre de *Tchesmenski* (« de Tchesme »). Regarde : sur cette feuille, j'ai arrêté la liste des munificences : un service de table en argent de soixante mille roubles ; nous érigerons à Tsarskoïe Selo un monument en marbre, et à la septième verste de Saint-Pétersbourg une église qu'on dédiera à saint Jean le Précurseur, et aussi un pavillon de style asiatique.

– Mais... Mais voyons, c'est de la prodigalité. Du gaspillage. Tout ça pour... pour un butor ambitieux.

– Tout ça pour honorer celui qui a tant fait pour forger notre victoire et arrêter ce Pougatchov en jupons. Seulement, vois-tu, après les fêtes, sa précieuse santé ne lui permettra pas de demeurer plus longtemps à Pétersbourg. Rappelle-toi cette règle, toi qui approches de si près la conduite des affaires : il faut louer les gens à grand bruit et ne les dénigrer qu'à voix basse.

– Tu parles comme un livre de sagesse politique. À propos, ce Christenek qui nous a dévoilé la vérité relativement à la situation à Livourne, voilà un fidèle servi...

– Un serviteur, mon ami. Un serviteur. Sache qu'un serviteur qui raconte la vérité sur son maître ne saurait être qualifié de fidèle, mais de délateur et de sot. Car il a dit une vérité que la souveraine n'avait pas du tout envie d'entendre... De sorte que tu vas le renvoyer à Livourne avec ma réponse. Je ferai en sorte que le comte *s'occupe de lui*. Mais l'autre, l'Espagnol, comment s'appelle-t-il ?

– Ribas, Votre Majesté.

– Eh bien, ce Ribas, on le garde. Je te le recommande. Visiblement, ce n'est pas un homme brillant, mais il est sûr et efficace. N'avons-nous point assez pâti d'être entourés de gens « brillants », toi et moi. Tiens, on va l'affecter au corps des Cadets et lui confier l'éducation d'Alexis Bobrinski [1], car il m'a l'air très doué en matière d'affaires délicates.

Potemkine quitta la pièce dûment muni de ces instructions. Et l'on introduisit le prince Golitsyne. Celui-ci, d'un pas pesant, avança son gros corps et salua sa souveraine qui lui montra le coffret de la princesse.

– Prince, ce sont là les papiers de l'usurpatrice qui sera confiée à votre garde, et secrètement, sitôt que l'escadre arrivera à Cronstadt. Ils ont été saisis grâce aux efforts et à l'habileté du comte Orlov. Étudiez-les minutieusement, car je vous charge d'instruire l'enquête en vue du procès que Viazemski conduira par la suite. Le nom du comte apparaîtra souvent dans les paroles de cette dévoyée. Notez-les, mais avec discernement, car tout ce qu'a fait l'amiral l'a été sur mon ordre. Vous entendez bien : *sur mon ordre*, ce que des non-initiés auraient du mal à comprendre. Un autre point, où il faudra agir prudemment : elle avait pris langue avec les Polonais confédérés. Avec le prince Radziwill et l'hetman Oginski. Mais dernièrement, ces deux-là ont fait la paix avec le roi de Pologne. Le prince Karl est rentré de Vénétie ; il a fait son *mea culpa* et on lui a rendu ses terres. Du coup, nous avons jugé bon d'oublier ses incartades vénitiennes. Alors, pas de maladresse ! Deux nobles polonais de moindre importance, eux aussi confédérés, ont été capturés et arriveront en même temps que la criminelle. Ils devront être interrogés dans le cadre de la même enquête. Mais l'essentiel, prince, l'essentiel, c'est de parvenir à savoir *qui elle est*. Il s'agit d'une affaire de la plus haute importance, prince. Vous m'enverrez régulièrement les minutes des interrogatoires par courrier spécial, ici, à Moscou.

1. Le comte Alexis Bobrinski était le fils illégitime de Catherine II et de Grigori Orlov. Il était âgé de treize ans, à l'époque.

La princesse Tarakanova

Retirée dans le silence matinal de son cabinet de travail, situé juste à côté de sa chambre, au palais de Kolomenskoïe, Catherine médite devant un feuillet blanc qu'elle entend ajouter à ceux qui constitueront le recueil de ses *Mémoires*. Comme la vie à Moscou est différente de celle de Pétersbourg, songe-t-elle; comme la noblesse moscovite a reçu chaleureusement sa souveraine... Et comme les habitants sont attachés à leur ville... Lorsque Pierre le Grand fit édifier sur les marécages d'Ingrie la cité aux rues rectilignes dont il entendait faire la capitale de l'Empire, la « merveille du Nord » ne fut point du goût des vieilles familles de haut lignage. Elles se résignèrent à la transplantation; mais toutes conservèrent dans leur cœur un vieil attachement aux libertés moscovites. Et curieusement, dès qu'un dignitaire de la Cour prenait sa retraite ou tombait en disgrâce, il s'empressait de revenir à Moscou où il achevait ses jours dans le luxe et dans l'inaction complète. De sorte que Moscou était devenue la réprobatrice de Pétersbourg, une sorte d'opposition muette et indolente à la rigueur froide et hautaine de la grande cité du Nord. Et Catherine savait porter attention à cette vieille réticence; elle ménageait les susceptibilités de ce qu'elle appelait « la république moscovite », et avait veillé à y effectuer d'assez longs séjours, surtout au début du règne, après la dissipation des frayeurs qu'avait causées la révolte de Pougatchov.

Il faut dire que ces séjours présentaient bien de l'agrément. À cette époque, Moscou était une ville-jardin unique au monde. La Neglinka serpentait paresseusement à travers des bouquets de maisons en bois et formait des étangs, des marais, des flaques. Avec négligence, on nettoyait de temps à autre les saletés et détritus dont se débarrassaient les habitants et qui flottaient sur les eaux dormantes. Au point que survint, dans les années 70, une peste qui écuma la ville. Mais pour la peine, on échappait à l'étroitesse trop urbanisée de Pétersbourg.

Les belles propriétés des environs, l'Arkhangelskoïe des Youssoupov, le Marfino des Panine, l'Ostankino des Cheremetiev, et quantité de manoirs avec leurs jardins de ville, les grands parcs entourés de grilles en fonte, les chapelles privées, tout cela voisinait avec des cabanes en bois, des murettes de terre battue, des potagers, de petits vergers clos de palissades à claire-voie.

Longtemps, l'antique Kremlin était demeuré à l'abandon, ne se réveillant qu'à l'heure des couronnements. Puis il disparut tout de bon dans le grand incendie de Moscou, en 1701. On avait à peine commencé les préparatifs en vue d'une reconstruction, qu'un nouvel incendie dévora la ville en 1737. Cette fois, le sinistre avait été causé par un cierge placé devant une icône ; ce qui fit dire aux gens du peuple que « Moscou avait brûlé pour un cierge d'un sou ». Enfin, Elisabeth, qui aimait beaucoup l'ancienne capitale, fit reconstruire le Kremlin par un architecte italien, Rastrelli, qui édifia un palais d'hiver peu commode qu'elle n'habita jamais.

Catherine II ambitionna un projet grandiose pour ce Kremlin. En 1773, on jeta les fondations d'un palais gigantesque qui devait occuper toute la superficie disponible à l'intérieur de l'enceinte crénelée, d'après un plan élaboré par Bajenov. Heureusement, il avait fallu y renoncer aussitôt terminé les grandes démolitions autour de la place Rouge, faute d'argent. L'écrasement de la révolte puis la guerre avaient vidé les caisses du Trésor. Tandis que se déroulaient les travaux préliminaires, l'impératrice avait résidé au vieux palais de Kolomenskoïe. Par la suite, elle prit l'habitude d'en faire ses quartiers ordinaires.

Après avoir ainsi rêvé aux aléas inhérents aux projets pharaoniques, la souveraine revint au sujet qui la préoccupait. Elle écrivit :

« Nous attachons à cette affaire une attention particulière, comme à tout ce qui concerne le pouvoir monarchique. L'idée de l'autocratie est, par la grâce de Dieu, la plus grande idée de notre temps, et doit être éternellement sauvegardée. Le monde entier doit servir cette idée. Et moi plus encore que les autres souverains. Qu'est-ce que le faste et la pompe ? Ces ors, ces pierreries, ces palais ? L'éclat des uniformes, les livrées dorées de nos valets, les glaces et les flambeaux de nos salons ? Tout cela n'est que le reflet de *l'idée*, son support visible. Tout cela signifie aux foules : " Voyez devant vous l'Olympe, la demeure des dieux, la lumière divine de l'autorité. " Bien qu'il m'en coûte de m'entourer de tant d'éclat et de me plier à une si rigide étiquette (Ah ! combien il me serait plus doux de m'abandonner secrètement aux caprices du cœur !), ce m'est un devoir sacré que d'exposer journellement à mes sujets l'incarnation que je suis du pouvoir divin, par la grâce de Dieu. Tout ce qui concerne la personne du monarque est parfait et sacré. Car tout ce qu'il décide devient *ipso facto* un ordre de Dieu, une volonté divine. C'est pourquoi nul geste ni nulle action de la souveraine ne peuvent faire l'objet d'une critique. L'admiration seule est licite. Car une autre grandissime idée est le dévouement dû au monarque. Ce dévouement fait l'honneur du citoyen ; c'est sa vertu. Voilà pourquoi l'appropriation du nom de tsar constitue le plus grand crime qui se puisse commettre contre l'idée de notre temps... »

11.

L'INTERROGATOIRE

Qui est elle, mais qui est-elle?
CATHERINE II, IMPÉRATRICE.

Le prince Alexandre Golitsyne, fils du célèbre capitaine de Pierre le Grand, n'était pas un bon soldat. À l'occasion de la guerre de Sept Ans, il avait failli perdre la bataille de Kunensdorf. On l'avait néanmoins promu général en chef. Sa participation à la guerre contre la Turquie n'avait pas été plus heureuse ; il en était revenu avec le titre de feld-maréchal, malgré tout. C'est qu'il possédait un talent d'une autre nature : la conscience professionnelle ; et chose encore plus rare : le dédain des intrigues de palais. Enfin, vertu suprême, il était foncièrement honnête. De ce guerrier plus que médiocre, mais homme bon et sûr, l'impératrice avait fait le gouverneur général de Pétersbourg.

Le prince, obèse et marchant difficilement, entra dans la cellule où se trouvait Czernomski. Ouchakov, le secrétaire de la commission d'enquête, petit homme terne et morose, arriva aussitôt après, muni d'une écritoire pliante, d'encre et de papier.

– Grâce aux documents trouvés en possession *de la femme que vous savez,* nous connaissons quelques détails de votre vie, monsieur. Il nous manque néanmoins, touchant votre accointance avec la criminelle, certaines informations que je vous prie de nous fournir si vous tenez à attirer sur vous la mansuétude sans bornes de Sa Majesté. Donc, pour nous épargner de recourir à des moyens plus violents... dites-nous en quelles circonstances vous fûtes amené à connaître l'usurpatrice.

– C'est bien simple, répondit le Polonais avec la meilleure volonté. En 1772, j'ai été envoyé par la Confédération en Turquie. Il s'agissait de définir la nature de l'aide que nous pourrions recevoir du sultan. À mon retour de mission, le comte Potocki m'a fait entrer au service du prince Radziwill qui était, comme vous le savez, le maréchal de la Confédération.

– Notre Petite Mère nous a interdit de prononcer le mot de « Confédération ». Dites-moi comment vous vous êtes trouvé dans la suite de cette femme.

– Je lui avais prêté de l'argent. Elle m'avait promis de me rembourser lorsqu'elle serait à Rome. En outre, Domanski était un bon camarade, lui aussi membre actif de la Confédération. Je me suis laissé convaincre de partir avec lui et avec cette femme. Ma bourse ayant été mise à mal par cette grande dépensière, le mieux était de ne pas la quitter jusqu'à ce que j'eusse recouvré mon argent.

– L'aventurière s'est-elle, en votre présence, attribué le titre impérial ? Lui adressiez-vous la parole en ces termes ?

– Oui. Tout le monde l'appelait ainsi. Le prince Radziwill nous a ouvertement déclaré que nous ferions voile vers Constantinople en compagnie de la fille de feu l'impératrice de Russie. Le prince Karl ne la nommait pas autrement.

– Je ne vous interroge pas sur le prince Radziwill, mais sur cette femme. S'est-elle attribué le titre impérial en votre présence ?

– Oui. C'est ainsi qu'elle se nommait. Et tout Rome la désignait ainsi; le cardinal Albani, l'ambassadeur de France et d'autres.

– Où pensait-elle aller après Rome? Vous parlait-elle de ses projets?

– Domanski et moi, nous avions l'intention de rentrer en Pologne. C'est pourquoi, à Rome, nous lui avions maintes fois demandé de nous rendre notre argent au plus vite et de nous libérer de son service. Mais elle nous disait : « Soyez contents, mes braves. Je vais vers une vie nouvelle. Le comte Orlov m'a promis de m'aider en toute chose. Je cours le rejoindre à Pise. Là-bas, vous cesserez d'être mes créanciers, et vous pourrez aller en paix. » Je l'ai crue. Je voyais que le comte et elle paraissaient amoureux l'un de l'autre.

– Je ne vous interroge pas sur le comte Orlov, coupa Golitsyne avec un soupir résigné. Dites-moi plutôt ce que vous savez des origines de cette pendarde. Parla-t-elle de ses parents devant vous? Les nomma-t-elle?

– Elle n'a jamais parlé de cela et n'a nommé personne. Je ne sais rien à ce propos. Je jure que je n'étais au courant de rien, sauf en ce qui concerne les affaires de la Confédération; et encore n'avais-je qu'à exécuter des ordres en vertu du serment militaire que l'on m'avait fait prêter. Je vous ai confessé tout cela d'un cœur pur et j'implore la bienveillance de la souveraine de Russie.

Le prince soupira d'un air blessé et ordonna au secrétaire de se transporter dans la cellule de Domanski.

– Monsieur, vous êtes à la merci de Sa Majesté l'impératrice de Russie. Si vous avez à cœur de vous attirer sa mansuétude sans bornes, et si vous souhaitez éviter les désagréments d'un interrogatoire peu convenable à la dignité d'un gentilhomme, fût-il ennemi de la Russie... je vous suggère de répondre sans dissimulation aux questions que je vais vous poser. Comment et en quelle circonstance fîtes-vous connaissance de *la femme que vous savez?*

– La première fois que je la vis, ce fut à Oberstein. Je faisais partie de la suite du prince Radziwill. Celui-ci était venu de Paris pour la rencontrer. On me dit qu'une dame étrangère, ayant appris que le prince Karl s'en allait voir le sultan, lui avait écrit pour se rendre auprès de ce dernier sous sa protection.

– Pour quoi faire, auprès du sultan?

– On ne me l'a pas dit. Le prince Karl me révéla seulement que c'était une grande-duchesse de Russie.

– Et vous avez cru cela?

– Pourquoi ne l'eussé-je point cru? Tout le monde le crut. De plus, en Pologne, j'avais entendu dire au comte Patz, vers 1768 ou 1769, qu'Elisabeth Ire avait conclu un mariage secret avec je ne sais qui et en avait eu une fille.

– Laissons cela... laissons cela. L'aventurière vous révéla-t-elle ses origines?

– Le prince Karl et moi, nous avions quelques doutes. Le prince a même détourné quelques lettres qu'elle avait adressées au grand vizir. Il me dit ouvertement : « Mon cher Domanski, je ne veux pas me laisser mêler à ses projets extravagants. »

– C'est donc dès cette époque que le prince Karl décida de se tenir à l'écart?

– Oui. C'était pendant que nous attendions à Venise le moment de nous embarquer. Ce fut aussi pourquoi il revint à Venise après s'être brouillé avec elle, à Raguse.

– Pourquoi ne suivîtes-vous point le prince à Venise, après l'affaire de Raguse?

– C'était que la princesse... euh... je veux dire *cette femme* nous proposa de l'accompagner à Rome. Or, depuis longtemps, je désirais m'incliner devant le

Saint-Père et, de là, rentrer en Pologne. Il y avait aussi qu'elle m'avait emprunté huit cents ducats, dont j'avais moi-même emprunté cinq cents à Raguse. Czernomski aussi, elle lui devait de l'argent. De sorte que nous l'avons suivie à Rome où elle affirmait qu'elle paierait ses dettes.

– Et pendant tout ce temps, vous ajoutiez foi à ces racontars sur sa haute naissance?

– Je vous ai dit que, pour ma part, j'en doutais. Un jour, tout en lui promettant de la suivre n'importe où, qui qu'elle fût, je la suppliai de me dire la vérité. Mais elle se borna à me dire avec humeur : « Comment osez-vous me soupçonner d'avoir adopté un faux nom? »

– Et vous étiez prêt à la suivre réellement n'importe où, qui qu'elle fût?

Domanski réfléchit un instant. Ses yeux étincelaient. Il lança tout à trac :

– Oui... oui... J'ai persuadé mon ami Czernomski d'en faire autant, car j'étais amoureux d'elle. Amoureux à la folie. Ah! monsieur le Gouverneur, vous n'avez peut-être plus l'âge de connaître cela... Ce n'était plus une question d'argent, mais une dévotion, un attachement passionné pour elle... Les craintes que j'éprouvais concernant sa personne, à propos de son projet extravagant, de sa santé, des situations embarrassantes dans lesquelles elle se précipitait du fait de sa vie dépensière, tout cela me commandait de ne point la quitter, de veiller sur elle. Comprenez-vous? Comprenez-vous jusqu'à quelle extrémité peut conduire un attachement amoureux?

– Comment se désignait-elle?

– Du nom d'Elisabeth, fille de la feue impératrice. Je reconnais mes errements. Mais au nom de tous les saints, je veux expliquer à votre souveraine que seul l'amour m'a entraîné vers cette femme. Femme l'impératrice l'est aussi. Se peut-il qu'elle ne me comprenne point ni ne me pardonne? Car enfin, s'il fallait punir les gens amoureux parce qu'ils agissent par amour, qui donc demeurerait indemne? De ma vie, je n'ai causé la perte de qui que ce soit. C'est pourquoi je me jette aux pieds de votre très bienveillante souveraine.

Golitsyne soupira. « Ah! que mon rôle est malaisé, se dit-il. Il est clair que ces deux Polonais ne disent pas tout ce qu'ils savent. Mais je n'ai pas l'autorisation de les questionner plus énergiquement. L'important est de savoir *qui elle est.* Voilà bien la difficulté de ma position : découvrir la vérité, mais point toute la vérité... » Puis il commanda à Ouchakov :

– Allons voir le majordome, à présent.

Jan Richter racontait sa vie en allemand :

– Quels métiers n'ai-je point faits! D'abord barbier, puis chirurgien, et soldat au service de Venise, de nouveau chirurgien, ensuite sculpteur, et plus tard violoncelliste. Longtemps, aussi, j'ai joué de la mandoline à bord des gondoles, à Venise. Finalement je me fis la remarque que l'état de serviteur offrait au moins l'avantage de me débarrasser du souci de trouver ma pâture : un maître s'en chargerait pour moi...

– Bon! Cela étant, savez-vous quelque chose sur les origines de votre maîtresse?

– Comment diable pourrais-je être instruit de ces choses? Mon rôle ne consistait qu'à régir son train de maison. Elle ne me tenait pas dans sa confidence. Sa santé était fragile; je faisais venir des médecins. Quand j'avais un moment de liberté, je me contentais de jouer de la mandoline, ou bien je classais des papiers.

– Vous classiez des papiers? Ceux de votre maîtresse, je suppose. N'y avez-vous jamais rien découvert qui puisse nous renseigner sur ses origines?

– C'étaient presque toujours des lettres écrites en

français. Or, je ne sais pas lire cette langue. Je classais par dates et par provenances, tout bonnement.

– Comment la désigniez-vous ?

– Comme faisait tout le monde : tantôt « Votre Altesse », tantôt « Votre Altesse impériale ».

– Essayez de vous rappeler. Quelqu'un parla-t-il jamais devant vous de ses origines, de ses parents ?

– Comment cela eût-il pu se faire ? On ne me disait toujours que les mêmes choses : « Apporte..., range..., dis aux cuisinières..., fais acheter du poivre..., demande à la lingère de venir me voir... »

– Tout cela ne nous avance guère, conclut le prince en s'adressant à Ouchakov. Allons voir si la cameriste...

Mais Franziska von Meschtede ne savait rien de plus, ne connaissait pas la famille de *la princesse,* elle avait bien entendu dire que celle-ci se désignait comme fille d'une impératrice, mais sans plus. Au reste, elle était prussienne, et se désintéressait complètement des affaires de Russie. Golitsyne se résigna à questionner la criminelle, le plus dur morceau. De son pas lourd et lent, il pénétra dans l'appartement de l'inconnue et s'assit bruyamment sur une chaise, puis il examina en silence la jeune femme pendant que le secrétaire disposait ses ustensiles sur une petite table au fond de la pièce. « Cheveux noirs, nez aquilin..., songeait le prince. Une Italienne ? Pourtant, il paraît qu'elle ne parle pas parfaitement l'italien... Belle femme. Très amaigrie, toutefois... Elle doit être malade... des cernes violets... poitrinaire, sans doute... »

– De quel droit me traitez-vous aussi cruellement, monsieur ? Et pour quelle raison me retenez-vous prisonnière ?

– Madame, votre position n'est pas des meilleures. Sa Majesté notre impératrice m'a chargé d'instruire le procès que l'on compte vous faire. À ce titre, je suis autorisé à utiliser divers moyens, et jusqu'aux pires, pour vous obliger à nous révéler vos secrets. C'est pourquoi je vous conseille de renoncer à toute vaine colère et de répondre avec franchise et clarté à mes questions, en comptant sur l'indulgence sans bornes de Sa Majesté impériale. Je vous poserai mes questions en français. À moins que vous ne préfériez recourir à une autre langue.

Le gouverneur s'interrompit et interrogea la princesse du regard. Elle garda le silence.

– Ce sera en français, donc. Vous vous êtes présentée sous différents noms en Europe. Quel est votre nom véritable?

– Elisabeth. Quant à voyager sous des noms différents, monsieur le Gouverneur n'ignore point que c'est un usage fort répandu dans la noblesse.

– Qui sont vos parents, Elisabeth? Et quel âge avez-vous?

– Vingt-trois ans. Quant à mes parents, j'ignore qui ils sont.

– Je lis dans vos papiers que vous êtes orthodoxe. Qui vous a baptisée? Où avez-vous passé votre enfance?

– Je n'ai pas souvenance de mon baptême. Mon enfance se passa à Kiel, auprès d'une dame Péron... ou Perrin, je ne me souviens plus. Cette dame ne cessait de me promettre l'arrivée prochaine de mes parents. Mais, au début de 1762, trois inconnus sont venus me chercher et m'ont emmenée à Pétersbourg.

– 1762, ce fut donc aussitôt après la mort d'Elisabeth Ire!

– Oui. On devait me conduire à Moscou. Mais, sur ordre de Pierre III qui venait de monter sur le trône, on me déporta dans le sud de la Sibérie...

Avec fougue, et oublieuse du lieu où elle se trouvait, la princesse se lança dans le récit de ses aventures fabuleuses. Son visage s'illuminait, comme mû par un mirage intérieur auquel, sans doute, elle devait croire.

– ... Ce fut alors qu'Ali, très haut personnage de Perse, me dit pour la première fois : « Tu es la fille de la défunte impératrice de Russie... »

Elle fut prise d'une quinte de toux.

– ... À la Cour de Versailles, on me disait que j'étais en réalité grande-duchesse, fille de l'impératrice Elisabeth.

– Qui vous le disait ? Pouvez-vous citer des noms ?

– Mais toute la Cour de France, du ministre Choiseul jusqu'au duc de Lauzun, le marquis de Marines et bien d'autres. Mais je niais la chose et préférais me faire appeler « princesse Ali ».

– Vous la niiez ?

– Parfaitement. Dans ce moment, je reçus une forte somme d'argent de Perse, et je...

Une nouvelle quinte de toux l'accabla, plus violente. Elle porta un mouchoir à sa bouche.

– Mon Dieu ! Du sang... C'est vraiment du sang ?

– Ne vous hâtez point, madame, ménagez-vous, dit aimablement le prince. Nous avons tout le temps qu'il faut.

– Vous parlez pour vous, monsieur. Pour moi, le temps m'est déjà compté, rétorqua-t-elle avec une lucidité méprisante.

Puis elle poursuivit le récit de ses rêveries extravagantes.

– Ce fut alors que le prince Radziwill, ayant appris par des officiers français que j'étais la fille de feu l'impératrice, me fit allusion à la grande utilité que je pouvais représenter pour la cause de son pays, et me...

– Laissons cela, madame. Laissons de côté le prince Radziwill. Et parlez-moi plutôt des papiers qu'on a trouvés dans votre cassette. D'où les tenez-vous ?

– D'où je les tiens? Rien de plus simple. Je ne le sais pas moi-même. Le 8 juillet 1774, je reçus en provenance de Venise une lettre anonyme contenant deux enveloppes scellées. La lettre prétendait qu'il était de mon moyen de contribuer à l'établissement de la paix entre la Russie et la Turquie; en vue de quoi, en arrivant chez le sultan, je devais lui remettre l'une des enveloppes et me déclarer fille de l'impératrice Elisabeth, ce que je suis; quant à l'autre enveloppe, je devais l'envoyer au comte Orlov, à Livourne. Cette dernière, je l'ai ouverte. J'en ai fait faire une copie, j'ai rescellé le pli de mon propre sceau; puis je l'ai expédiée à son destinataire.

– Qui vous a adressé ces papiers? Votre sort va dépendre de la sincérité de votre réponse. Qui? Soupçonnez-vous quelqu'un?

– L'écriture m'en était inconnue. Mais ce que ces papiers contenaient venait à l'appui de ce qu'avaient affirmé le prince Ali Émété, le prince Radziwill, les officiers français... Toutefois, une chose me parut évidente : j'étais bien celle en faveur de qui fut rédigé le testament de l'impératrice Elisabeth.

– Dans quel but avez-vous envoyé la lettre au comte Orlov?

– D'abord, elle lui était destinée par la ou les personnes qui me l'avaient fait parvenir. Ensuite, je m'imaginai qu'il pourrait me fournir quelques indications sur mes parents. Enfin, je voulus attirer son attention sur les manigances qui se tramaient contre l'empire.

– Et qui, selon vous, était l'auteur de ces manigances?

– Je vous l'ai dit : je l'ignore. J'ai soupçonné le Cabinet de Versailles, le Divan turc et, bien entendu, le Cabinet de Pétersbourg, ou une faction de ce Cabinet.

– Ouchakov, n'enregistrez point cette dernière

assertion, je vous prie. Quant à vous, madame, j'ai patiemment écouté votre histoire. Laissons de côté les fables et revenons à la question de fond : qui vous a incitée à vous faire passer pour la fille d'Elisabeth Ire ?

– Mais il y a un malentendu, monsieur le Gouverneur. Je ne me suis jamais fait passer pour sa fille. Je n'ai jamais affirmé cela. Les autres, oui : Ali, l'hetman Oginski, le prince Radziwill, les Français...

– Mais vous venez de me dire que vous êtes celle à l'intention de qui le testament de la feue impératrice avait été écrit ! s'écria le prince, éberlué.

– À vous, oui. Puisque vous me questionnez là-dessus.

– Mais dans leurs dépositions, vos familiers, Domanski et Czernomski, vous accusent constamment du contraire. Tenez, regardez ce qu'ils ont affirmé.

Elle jeta un bref coup d'œil sur les papiers puis elle rit insolemment.

– Comment pouvez-vous prendre au sérieux les propos d'un sot ? Ce Czernomski, vraiment !

– Mais ils sont deux à dire la même chose, madame.

– Les propos de deux sots, encore moins ! Ces deux idiots n'ont pas le sens de l'humour. Ils ont pris au comptant une phrase que je me plaisais à répéter lorsqu'on me questionnait sur mes origines. Je disais : « Prenez-moi pour qui vous voudrez : la fille du chah, la fille du sultan ou celle de l'impératrice de Russie ! » Je vous ai dit que j'ignore tout de mes origines, voyons !

– Et ces plaisanteries auraient suffi à faire courir dans toute l'Europe le faux bruit de votre haute naissance ? Étrange, ne trouvez-vous point ?

– Moi-même, je m'en suis étonnée et inquiétée.

– Pas au point d'y opposer un démenti, toutefois.

– Pourquoi un démenti? Ma conscience ne me reproche rien. Je compte sur la bonté de la souveraine, car je me suis toujours sentie attirée par votre pays.

Golitsyne perçut la dérision. Il se sentit las. Tant de questions et tant de réponses feutrées ou mensongères, cela brouillait son esprit lent, calme et méthodique. Il fit signe à Ouchakov d'apporter le compte rendu et une plume.

– Daignez signer votre déposition, madame.

Elle prit la plume et signa d'une écriture ferme en caractères latins : *Élisabeth.*

« Elle vient de se tuer! songea le prince, un peu ému. Elle vient de signer son arrêt de mort... »

– Madame, quelque chose ne va pas, dit-il d'un air embarrassé. Seules les personnes royales signent de leur prénom, sans nom de famille. Ici, dans ce pays, tout le monde ajoute son nom.

– Et qu'y puis-je, si je l'ignore! s'exclama-t-elle d'un ton fielleux.

– Sa Majesté notre souveraine ne manquera pas de penser, en lisant votre déclaration, que vous insistez et même persistez sur l'énorme mensonge qui vous a conduite entre ces murs, et que cependant vous prétendez nier.

– Qu'elle pense ce qu'elle voudra! Je ne dis que la vérité. Je suis Elisabeth. Je n'ai rien d'autre à ajouter.

Elle se remit à tousser; un sang mousseux lui monta aux lèvres.

12.

MAIS QUI EST-ELLE?

Je ne lui accorderai jamais d'entrevue.

CATHERINE II, IMPÉRATRICE.

Le compte rendu de l'interrogatoire déplut à la « Petite Mère ». Elle et son conseiller, le comte Viazemski, procureur général, tentèrent par tous les moyens de lui faire avouer son identité réelle et désigner les personnes ou les puissances qui lui avaient procuré de faux testaments impériaux. Le bon prince Golitsyne dut faire appliquer à cette femme très malade, presque mourante, les mesures extrêmes du régime sévère : cachot, présence permanente de trois soldats rustauds et ne parlant que le russe dans sa cellule, obscure de jour comme de nuit, etc. Cela alternant avec des périodes de modeste élargissement : repas plus savoureux, retrait des argousins, appartement spacieux et meublé, compagnie de la dévouée Franziska.

Les interrogatoires se succédaient, toujours menés par le gouverneur tantôt seul, tantôt accompagné du terne Ouchakov ou du commandant de la forteresse, Tchernychev. Pour essayer de briser la volonté de la prisonnière, on alternait le ton onctueux ou patelin, les menaces et les mauvais traitements réels. Mais rien n'y fit. Cette petite femme rongée par la maladie, débilitée, presque squelettique, ne voulait pas révéler son secret. Aux promesses de libération inconditionnelle en échange de son aveu, tout comme à la perspective d'un internement à vie, elle n'opposait qu'une seule exigence, inébranlable : que l'impératrice lui accorde une audience sans témoin. Rien moins.

Cette impudence inouïe plongea Catherine dans une fureur terrible. « Je ne la recevrai jamais ! Jamais ! hurlait-elle. C'est une dévergondée ! » Et elle résolut de s'en débarrasser, soit en l'expulsant de Russie après obtention de l'aveu de son imposture, soit en la maintenant à vie au secret.

Golitsyne reçut un jour une dépêche de Viazemski : un plénipotentiaire anglais aurait affirmé que l'usurpatrice était la fille d'un gargotier de Prague. Ordre de le lui faire avouer. Sans succès. Peu après, nouvelle dépêche en provenance de Moscou : l'amiral Graig avait émis le soupçon que la « dévoyée » pût être polonaise. Ordre de lui faire avouer qu'elle n'est qu'une « vagabonde de Pologne ». En vain. Un peu plus tard, Viazemski informait le gouverneur qu'une dépêche en provenance de Livourne affirmait que l'usurpatrice était une juive italienne... « Si cette fois elle refuse de *reconnaître la vérité* et n'écoute pas les paroles de la souveraine, elle sera mise à la disposition de la Justice qui tranchera avec toute la sévérité des lois de notre pays. »

– Ainsi, me voici juive, à présent ! ricana Élisabeth à la face du prince et de Tchernychev. Faites savoir à celle qui vous gouverne que je ne puis, cette fois non plus, accepter sa proposition.

– Sa proposition ? Quelle proposition ? Qu'osez-vous dire, madame ?

– L'évidence. Vous n'avez pas compris qu'une fois

de plus l'impératrice me propose de me rendre la liberté à condition que j'accepte de reconnaître que je suis la fille d'un gargotier, ou une aventurière polonaise ou une juive. C'est clair, non?

– Ne notez pas cela, Ouchakov! rugit le prince.

– Mais transmettez ceci à votre souveraine : je n'accepterai aucune proposition tant que je n'aurai pas obtenu une entrevue personnelle. Une audience; et rien qu'avec elle. En particulier. Voilà ce que j'attends. Rien d'autre.

– Ah, madame! vous attirez le malheur sur votre tête... Dès demain suivront les « mesures extrêmes » dont elle vous menace depuis si longtemps.

– Vous ne comprenez rien, prince Golitsyne, répliqua-t-elle très sûre d'elle. Il n'y aura pas de « mesures extrêmes »; car votre maîtresse craint qu'à ce moment-là je ne révèle *ce que je sais*. Et elle ne veut ni l'entendre ni qu'on le sache. Voilà pourquoi elle redoute cette entrevue. Voilà pourquoi elle me propose de reconnaître *qu'il n'y a rien eu; que je ne suis qu'une menteuse, une folle, une juive ou n'importe quoi d'autre, et qui a voulu s'approprier le nom d'autrui.*

Cette sortie laissa le gouverneur songeur. « C'est pourtant vrai que les " mesures extrêmes " ne sont jamais décrétées... Se pourrait-il... »

En raccompagnant le prince dans la cour de la forteresse Pierre-et-Paul, le commandant lui fit remarquer le soleil couchant qui éclairait la flèche dorée de la chapelle.

– Elle est bien malade, toute pâle; elle tousse... Elle ne fera pas long feu..., dit mélancoliquement le gouverneur.

– Se peut-il que Votre Splendeur n'ait point deviné?

– Deviné quoi?

– Eh bien... pour tout vous dire, c'est ma femme

qui a été la première à comprendre, et hier le médecin l'a confirmé.

Cette nouvelle inattendue inspira à Catherine un nouveau plan. À l'occasion des fêtes de la Paix russo-turque, elle fit venir de Livourne au palais de Kolomenskoïe le comte Alexis.

– La patrie est heureuse de te revoir, comte. J'ose espérer qu'elle saura montrer le prix qu'elle attache à tes victoires.

– Je t'exprime ma gratitude d'esclave pour tes grandes bontés, Petite Mère.

– Alexis, je n'oublierai jamais les services que ta famille a rendus à la patrie. Ton frère Grigori coule des jours heureux à Pétersbourg.

– Jusqu'à l'instant de notre mort, nous serons tes esclaves.

– C'est bon ! C'est bon !

– J'espère t'avoir prouvé mon zèle en t'expédiant la criminelle.

– En effet ! Et ton zèle est fort manifeste, figure-toi.

– Qu'est-ce à dire ?

– Qu'elle est grosse. Et de tes œuvres, à ce qu'il paraît !

– Ça... ! Ça, alors... ! balbutia Orlov.

– On dirait que cela t'étonne, plaisanta l'impératrice. Bah ! Ne raconte-t-on point que cette débauchée couchait avec sa suite de Polonais ?

Puis, éclatant soudain :

– Et avec cela, cette vipère ne cesse de nous réclamer une entrevue. Elle prétend qu'elle a quelque chose de « très important » à nous communiquer. Et moqueuse, par-dessus le marché. Qu'est-ce que ça peut bien être, ce qu'elle veut nous révéler, à ton avis ?

– Je l'ignore, Petite Mère souveraine.

– Tu partageais son intimité, n'est-il point vrai ? N'a-t-elle jamais lâché un nom, fourni une indication... On cherche tellement à savoir.

– Si tu cherches tellement, Petite Mère, pourquoi ne pas lui accorder l'entretien qu'elle réclame? Elle te le dira...

– Tais-toi, Alexis! *Je ne la recevrai jamais.* Jamais, tu entends!

– N'écoute pas ce que te soufflent les gens de la Cour, Petite Mère. J'ai agi comme je l'avais promis : je l'ai attirée et te l'ai envoyée. J'ai fait comme j'ai pu..., dit vivement Alexis, d'une voix craintive. Pour ce qui est de ta question, une nuit..., oui, une nuit, elle a prononcé trois noms qu'elle n'avait aucune raison de connaître.

– Et ces noms, quels sont-ils? demanda Catherine anxieuse.

– Johanna Schmidt, le professeur Dietzel et un Anglais, Kaith...

La souveraine de toutes les Russies resta un long moment pensive, en murmurant « Ah! je vois..., je vois... »; puis tout à coup elle explosa :

– Ah! Elle t'a bien embrouillé, pauvre benêt! Elle nous embrouille tous, cette menteuse sans vergogne. Aurais-tu oublié que le vieux Razoumovski avait dit qu'il n'y avait pas eu de mariage secret? Et Augusta non plus n'a jamais existé, du coup! Est-ce que tu comprends, à la fin?

– Oui, je comprends, Majesté. Je comprends. Si la fille de la dernière descendante de Pierre le Grand n'a pas existé officiellement, cela maintient la légitimité de ta prise de pouvoir à laquelle j'ai œuvré...

– Enfin! Il a compris! Alors, au lieu de répéter, à ton âge, des cancans dignes de portiers de manoir, tu vas te rendre immédiatement à Pétersbourg, à la forteresse Pierre-et-Paul, et là-bas fais-la parler, enfin. Fais-toi tout dire. Tout! Et vite! Cette comédie a assez duré.

Après avoir observé un temps de silence, le comte dit d'une voix sourde :

– Pourquoi m'envoies-tu à ce supplice, Majesté?

– Un supplice! Voyez-moi cela, un supplice! Tu as donc gardé bon cœur, comte? Comte Alexis Orlov-Tchesmenski, comme on t'appellera désormais. Glorieuse est la seconde partie de ce nom; elle servira à... à nommer l'enfant à venir. Qu'il le sache et en soit fier!

La cellule était sombre, deux bougies grésillaient sur le chandelier muni de son écran. Assise sur son lit, *Elle* lissait ses cheveux. Orlov regardait avec horreur le visage amaigri, ravagé, les joues terriblement creusées, le petit menton devenu pointu et osseux, les yeux cernés. Des yeux immenses et encore pleins de feu, d'énergie.

– Je... J'aurais dû me faire annoncer, peut-être..., marmotta-t-il timidement.

– Ah! te voilà, traître! Foin de cérémonies dans ce *palazzo*! Tu vois, j'ai des gentilshommes armés pour me tenir compagnie, ricana-t-elle en désignant les trois soldats assis par terre, dans un angle de la cellule.

– Je... je vais donner des ordres, proposa le comte très mal à l'aise.

– Toi, donner des ordres? Non, c'est trop drôle! Des ordres, une canaille comme toi... Fini de jouer, Orlov! Autrefois, quand j'ai fait ta connaissance, j'ai cru que tu *donnais des ordres*, oui... À présent je sais qu'il n'y a qu'une seule et unique personne qui donne des ordres, dans ce pays. Et vous autres, vous tous, vous n'êtes que des esclaves. Oui, des esclaves, tous! Toi, avec tes grands airs et ton amiral anglais pour diriger ton escadre que tu ne sais même pas commander toi-même! Toi et le très bon prince Golitsyne... Si, si, très bon. Oui, oui. Mais avec quel bon sourire, ce prince si bon me placera sur le chevalet de torture, si Elle lui en donne l'ordre. Elle, la

Maîtresse, celle qui vous mate tous, celle qui vous fait trembler comme des enfants malgré vos uniformes, vos grands cordons et vos mines de bravaches. Eh bien, sache, vil esclave, sache que celle qui vous domine tremble à mon sujet. Parfaitement. Elle a terriblement peur que je ne m'évade dans la tombe avant que de lâcher mon secret. Et elle a encore plus peur de l'apprendre, ce secret.

– Il faut lui faire confiance, Aline. T'en remettre à elle. Sa mansuétude...

– Ah! ne me parle pas de la mansuétude de cette femme! Je vois qu'elle tente la chose par ton entremise. Elle t'a envoyé, et tu es venu. Toute honte bue, en parfait esclave, tu es venu après ce que tu m'as fait!

– Mais je...

– Comment as-tu osé, toi qui la nuit me murmurais... Au nom de quel droit, de quel « amour » as-tu osé disposer aussi perfidement de ma destinée?

– Voyons, Élisab... Aline, voyons, je ne faisais que...

– Dans le bateau, lorsque j'espérais encore un peu, un tout petit peu, que tu viendrais à mon secours, j'ai hurlé de fureur et de désespoir. Mais à présent, il n'y a plus lieu : à quoi bon se fâcher après un esclave? Qu'est-ce qu'un esclave? Ça ne vaut pas plus que ces petits soldats que tu vois là, dans le coin. Eux aussi sont des esclaves. Tout comme toi.

– Mais... mais tu sais bien que tout n'est pas perdu, si tu consens à...

– Non, je ne te révélerai rien. Te souviens-tu, nous avions parlé un jour d'une prisonnière qui, sur l'échafaud, avait donné sa croix au bourreau... Tu disais qu'il était devenu son frère. J'avais trouvé cela bizarre. La prison et les attentions du bon gouverneur m'ont fait comprendre bien des choses. Tiens, voici ma croix. Garde-la bien précieusement, en souvenir de ta trahison. Je l'avais préparée pour toi, car je savais qu'Elle t'enverrait ici.

– Je te jure sur cette croix, s'écria Alexis, je te jure que je t'aimais!

– Il suffit! Nous avons assez joué à l'amour, tous les deux. Cela ne m'a pas porté bonheur.

– Tu... Tu vas mettre un enfant au monde, tout de même...

– Je trouve très drôle que tu m'en parles et d'une mine si soucieuse. C'est un bien grand malheur pour lui que d'avoir un père tel que toi. Pourvu que son destin n'en soit pas accablé à jamais. Un fils, j'espère. Je lui ai trouvé un nom : Alexandre. N'est-ce point charmant pour le petit-fils d'Elisabeth, Alexandre?

– Oublie tout cela, cette histoire d'Elisabeth fille d'Elisabeth... je te jure que tu recouvreras la liberté. J'y parviendrai. Je te l'obtiendrai. Il suffirait que tu... C'est si peu de chose...

– Encore des serments! Cette fois, tu perds ton temps. Dis-lui seulement : *l'entrevue. Rien d'autre que l'entrevue avec elle.* Dis-lui que la « dévoyée », puisque c'est comme cela qu'elle me désigne, dis-lui qu'elle n'a qu'un moyen de connaître mon secret, c'est de me voir. Elle y a intérêt. Dis-lui que si elle ne vient pas, c'est qu'elle a peur d'entendre certaines choses. Eh bien, qu'elle surmonte sa peur et qu'elle vienne.

Alexis Orlov s'efforça de fléchir Catherine II. Au nom du Christ, il lui demanda la liberté pour une mourante; il la supplia d'accorder une entrevue à « la criminelle »; il tenta de lui remontrer que la connaissance de ce fameux secret pouvait être de quelque utilité pour l'impératrice de toutes les Russies, pour l'empire, pour l'avenir. Rien n'y fit. Tout ce qu'il y gagna, ce fut une semi-disgrâce. Viazemski fut autorisé à lui conseiller de demander sa mise à la retraite, sous couvert de la nécessité de ménager sa santé que les événements de Livourne avaient dû éprouver...

L'impératrice inventa un ultime artifice. Elle imagina de proposer à Domanski de demander la prisonnière en mariage et, au cas où celle-ci accepterait, d'autoriser le Polonais à *l'emmener aussitôt dans sa patrie.* Ce qui, pensait-elle, mettrait un terme à l'affaire.

Prévoyant un refus éventuel, Catherine II avait précisé ses instructions au gouverneur de Pétersbourg :

Si cette fieffée menteuse refuse d'épouser Domanski, qu'elle découvre elle-même son mensonge éhonté. Dès qu'elle aura avoué qu'elle s'est impudemment attribué le nom d'une autre, lui donner la possibilité de repartir immédiatement pour Oberstein, pour qu'elle y rétablisse ses relations avec le duc de Limbourg. Si elle s'obstine et refuse cette ultime proposition, lui déclarer qu'elle est condamnée à la prison à vie. Faites toutes ces propositions en votre nom propre. Le nôtre ne doit pas être mentionné.

Mais la malheureuse captive n'accepta pas cette liberté associée à un mariage forcé.

– Me voyez-vous mariée à ce petit hobereau polonais? rétorqua-t-elle avec une ironie amère au prince Golitsyne.

– Mais pourtant, madame, c'est un beau jeune homme. Et vaillant.

– Pas assez pour échanger la mort de la fille d'une impératrice contre la médiocre existence de Mme Domanski!

La suggestion d'aller rejoindre à Oberstein le duc de Limbourg en échange du secret n'eut pas plus de succès. La prisonnière répondit tranquillement au gouverneur :

– Croyez-vous que le duc acceptera de prendre pour épouse une menteuse repentie? Et puis je trouve oiseuse votre combinaison, car je pense à présent à un tout autre fiancé. Je me présenterai à lui telle que je fus : la fille de l'impératrice de Russie. Dites à la femme qui vous commande qu'il est grand temps qu'elle vienne me voir. Sinon... Sinon, je partirai avec ce que je sais.

Il est tout à fait étrange que la plus énergique des impératrices de Russie, qui trouva le temps d'écrire des pièces de théâtre, d'entretenir de longues correspondances avec les philosophes français et de conduire quotidiennement, d'une main ferme, les affaires de l'empire, ait refusé de répondre à l'appel d'une mystérieuse femme qu'elle avait fait capturer et qui désirait lui confier son secret. Comment se put-il que Catherine II qui, de loin, dirigea attentivement l'enquête, veilla à ce que sa prisonnière fût interrogée presque tous les jours par le gouverneur de Pétersbourg pendant des mois, refusât l'entrevue par laquelle on se proposait de lui livrer le secret qu'elle cherchait à obtenir ?

Ce refus, elle le justifiait en prétendant qu'une entrevue avec une « vagabonde » l'humilierait ; qu'« une impératrice ne reçoit pas une coquine sans naissance ». Attitude d'autant plus singulière qu'en Russie il était coutumier que le tsar se fît juge d'instruction suprême quand il estimait qu'il y allait de la sauvegarde de son propre pouvoir. Ivan le Terrible, Pierre le Grand, plus tard Nicolas Ier se soucièrent de s'entretenir avec certaines de leurs victimes ; et parfois même menèrent personnellement les interrogatoires. En ce genre de choses, les autocrates ne reculent devant rien.

Par ailleurs, cette femme, dont on prétendait ne point connaître les origines, n'avait rien d'une « vagabonde ». Elle était la fiancée officielle et déclarée d'un duc allemand de plus haute naissance que Catherine II elle-même.

Toutefois, il n'est pas impossible qu'elles se soient vues. Secrètement. Peut-être, alors, l'impératrice apprit-elle ce qu'elle redoutait d'apprendre... Peut-être est-ce pour cela, aussi, qu'elle se serait tant obstinée à répéter par la suite : « Il n'y a pas eu d'entrevue. » Le mystère demeure [1].

Le 5 décembre 1775 à l'aube, neuf jours après avoir mis au monde un garçon de frêle constitution, qui fut aussitôt baptisé du nom d'Alexandre Tchesmenski par le gouverneur et par l'épouse de Tchernychev, la prisonnière se trouva au plus mal. Contrevenant par humanité aux instructions qu'il avait reçues, Golitsyne consentit à lui envoyer un prêtre, puisqu'elle en réclamait un. Il choisit Piotr Andreiev, un prêtre de Notre-Dame-de-Kazan, et lui fit jurer de garder le secret. Le religieux assista la mystérieuse prisonnière et la confessa. La mort survint en fin d'après-midi. Lorsque Golitsyne voulut interroger le prêtre sur les paroles de la mourante, celui-ci se retrancha derrière le secret de la confession, bien entendu.

– Mais encore...? mais encore...? rugissait le prince.

– Encore? Quel encore? Elle est morte en pécheresse qui se repent d'avoir vécu dans le péché de chair et à rebours des commandements divins. Dieu sauve son âme...

– Bon! bon! mais ses complicités, ses intentions criminelles? N'en a-t-elle rien dit?

– ...

– Est-ce tout ce que je dois transmettre à notre souveraine?

1. Si jamais cette entrevue eut lieu, ce ne put être qu'aussitôt après le 12 août 1775. Précisément lorsque s'adoucit le régime de détention et que cessèrent subitement les interrogatoires, de même que l'envoi presque quotidien au prince Golitsyne d'instructions concernant la prisonnière.

– Je n'ai rien de plus à dire. Du reste ne m'avez-vous point juré de garder le secret? Or il n'y a pas de secret.

Une semaine plus tard, le gouverneur fut introduit par Viazemski dans le cabinet de l'impératrice au palais de Kolomenskoïe.

– N'a-t-elle rien avoué à son confesseur? demanda Catherine.

– Majesté, je n'ai rien pu obtenir de plus de ce prêtre que ce que j'indique dans mon rapport. Elle est morte en pécheresse non repentie.

– C'était une abominable dévergondée... Mais nous savons oublier le mal. Que le royaume des Cieux lui soit ouvert. Au fait ce Piotr Andreiev est un prêtre de règle stricte, si je ne m'abuse. Sa place n'est point à Pétersbourg, dans l'agitation du monde... Le synode sera bien inspiré de l'envoyer dans quelque ermitage lointain. Dans ces régions, les gens ont l'âme plus pure et mènent une vie plus pieuse.

Viazemski demanda alors ce qu'il convenait de faire des autres prisonniers. Golitsyne précisa :

– Comme je l'ai noté dans mon rapport, ils sont toujours au régime sévère.

– Tant de sévérité est-elle, à présent, bien utile? objecta l'impératrice avec un sourire soudainement débonnaire. Maintenant qu'est morte l'usurpatrice du nom impérial, y a-t-il lieu de garder en prison les gens qu'elle a induits en erreur?

Elle regarda Viazemski avec une expression d'apaisement. Celui-ci comprit immédiatement et s'empressa de dire :

– D'abord, on ne peut prouver que Czernomski et Domanski aient pris part aux projets de la criminelle...

– C'est bien cela! approuva Catherine. Ils ont agi par légèreté. Par ailleurs, la passion fatale d'un jeune homme excuse bien des choses. Ah! l'amour, messieurs...

Les deux hauts fonctionnaires hochèrent la tête, tout disposés à acquiescer aux paroles débonnaires de l'autocrate. Le prince Golitsyne se demandait en son for intérieur pourquoi on avait mis tant de précaution à garder le secret pour renvoyer ensuite en Europe ces gens qui en savaient si long...

– Il faut leur faire jurer le silence éternel sur toute cette affaire. On leur donnera cent roubles à titre de dédommagement; et on les reconduira à la frontière, d'où chacun pourra regagner librement sa patrie. Êtes-vous d'un autre avis, messieurs?

– Il reste sa dame d'atours, fit remarquer Viazemski. Et aussi Richter, et les autres serviteurs ordinaires.

– Ah oui, cette Franziska von Meschtede... Une Prussienne. Sa complicité n'est pas aussi prouvée que son dévouement. De plus, on dit que depuis longtemps la pauvre femme ne recevait plus son traitement. Oui... Qu'on lui donne les effets de la défunte, c'est-à-dire tout ce qui figure sur l'inventaire, plus cent cinquante roubles et qu'on la reconduise à Riga. De là, elle regagnera son pays. Quant à Richter et aux autres, il suffira de remettre cinquante roubles à chacun, puis de les reconduire à la frontière après leur avoir fait jurer de se taire.

– Et quelle forme...? demanda Viazemski en fonctionnaire soucieux de la procédure administrative.

– Régularisez tout cela sous forme d'oukase.

« Le bel oukase, en vérité! songeait Golitsyne. Quel changement dans l'attitude de notre Petite Mère! Que s'est-il passé? Je n'y comprends rien... »

– Bien. Y a-t-il autre chose concernant cette affaire, comte?

– La demande de mise à la retraite, formulée par le comte Orlov.

– Préparez un oukase du collège de la Guerre l'assurant de notre bienveillance, etc., des grands travaux et exploits accomplis, etc. Il a su glorifier la patrie, etc. Nous condescendons gracieusement à agréer sa demande, etc., et le mettons à la retraite définitive. Que Grigori Potemkine le signe lui-même. Cela leur fera plaisir à tous les deux. Ils sont amis depuis si longtemps !

Mme Franziska von Meschtede partit pour Riga en janvier 1776. En mars, ce fut le tour de Czernomski et de Domanski, puis, en avril, de Jan Richter. Le prince Radziwill fit sa paix avec Catherine II et avec le roi Poniatowski. Et il acheva aimablement ses jours dans son beau domaine de Nieswiez, tout en continuant de sidérer ses hôtes et ses voisins par ses tours pleins d'imagination. Par exemple, un soir d'été, au milieu de ses invités, il fit mine de regarder le ciel étoilé et il prédit d'un ton grave qu'il neigerait dans la nuit. Et le lendemain tous les invités virent le paysage entièrement blanc : les prairies, les arbres, les toitures... Une domesticité très nombreuse avait reçu pour tâche nocturne de saupoudrer de sel la contrée. De sel, une denrée qui coûtait alors fort cher.

L'hetman Oginski avait pactisé lui aussi avec les maîtres de la Russie et de la Pologne. Et il faisait creuser son célèbre canal.

Tous avaient oublié *la femme que vous savez*... Bien des années s'écoulèrent dans cette tranquillité d'esprit que procurent les vieux souvenirs. Jusqu'au jour où mourut au monastère d'Ivanovo une nonne pas ordinaire...

13.

LA NONNE D'IVANOVO

Sous le mur est, à gauche du clocher, se dresse une petite chapelle. C'est ici qu'en 1810 fut enterrée la fille d'Elisabeth Ire, Augusta (Tarakanova).

K. MOROZOV, *Le Couvent Novospasski de Moscou.*

En cette veille de Noël 1775, l'impératrice profite du calme de ce petit matin froid et brumeux pour noter ses impressions et ses tourments intérieurs sur ces feuilles volantes qu'elle destine à d'hypothétiques *Mémoires*. De la fenêtre de son cabinet, au palais de Kolomenskoïe, elle aperçoit le fleuve gelé et un ciel encore presque noir et comme plombé de neiges à venir.

« Que cette fin d'année m'a été agréable! La naissance du premier enfant de mon fils est attendue pour le mois de mars... Pourvu que ce soit un garçon. De la sorte, la succession se trouverait réglée.

« L'année se termine bien; mais il me faut reconnaître que cette sale bête de la forteresse Pierre-et-Paul m'a donné bien du tourment. En raison de son état de santé, je savais sa mort prochaine. C'est égal! Elle m'a sérieusement compliqué la vie, avec ses airs mystérieux et son secret. Et elle ne cessait d'exiger une entrevue. Une entrevue! Et, bien évidemment, si elle mourait, le secret...

« Qu'eût-il fallu que je fisse? J'avais besoin de

prendre conseil. Mais Grigori Potemkine, mon aiglon, mon cœur, mon âme, ne m'était d'aucune utilité en cette affaire, tout ennemi acharné qu'il fût (quoique sans raison) de l'amiral Orlov-Tchesmenski. Je venais pourtant de profiter de l'occasion que m'offrait la paix avec la Turquie pour élever mon aiglon au titre de comte. Mais depuis quelques mois il était devenu franchement insupportable. Comme naguère mon cher Grigori Orlov, ne voilà-t-il pas qu'il lui prend idée de m'épouser! Cet insensé veut devenir “ souverain ”. Rendons-lui cette justice qu'il sait organiser des spectacles. Un jour, l'été dernier, il me dit : “ Tu devrais aller à la laure de la Trinité-Saint-Serge, Petite Mère bien-aimée. ” J'aime l'Église russe, ses vêtements sacerdotaux, ses chants si purs, sans orgue ni instrument... Et puis, n'est-il point bon pour l'édification et pour la foi du peuple qu'il puisse contempler les puissants qui le gouvernent faisant pèlerinage sur quelques-uns des saints lieux de l'empire? Arrivée dans la cour de la laure, me voici soudain assaillie par une foule de moines. “ Petite Mère, tu vis dans le péché! ” “ Repens-toi, Majesté. Rappelle-toi les paroles de saint Jean l'Évangéliste : *Fuis ceux qui veulent allier la vie hors mariage et la vie du mariage.* Car ceux-là ajoutent du fiel au miel et de la boue au vin. ” “ Sanctifie ta vie au mystère du mariage, ô Souveraine! ” Et les voilà qui se dispersent. Alors apparaît Potemkine, mon beau Potemkine, vêtu d'une soutane trop courte pour son grand corps, et il tombe à genoux devant moi : “ Je ne puis plus vivre dans le péché... Je vais entrer au couvent... ”

« À moins de réagir brutalement, ce qui était impossible en l'occurrence, il n'y avait d'autre réponse à cette scène ridicule que les larmes d'une femme, fût-elle impératrice de toutes les Russies. Je fondis donc en larmes, mais ne promis rien du tout.

Et surtout je compris qu'il fallait montrer à ce joli cœur qu'il n'était pas tout-puissant. Deux moyens de le brider. L'éloigner complètement (mais j'avais besoin de lui; il me faut, à mes côtés, cette volonté dure, masculine... Ah! si j'étais un homme!), ou l'éloigner de mes appartements; m'en priver, en quelque sorte, bien que ce monsieur soit le plus amusant des amants que j'aie connus jusqu'à maintenant... Quoi qu'il en fût, il devenait hors de question que je me concerte avec lui à propos des difficultés que me posait cette femme qui prétendait être le fruit des amours secrètes de l'impératrice Elisabeth et de son favori. Ce serait la cause de nouvelles scènes insupportables. De sorte que, comme toujours ou presque, j'ai dû décider seule. Décider de ne pas accorder d'entrevue... »

Le 4 février 1810 mourut au couvent d'Ivanovo, à Moscou, une nonne qui s'appelait Dossifeïa. Et alors des choses extraordinaires se produisirent. La défunte était de taille moyenne, maigrichonne, le corps ployé par des décennies de prières et de génuflexions dans la solitude de sa cellule, d'où elle n'était presque jamais sortie. Son visage fripé et ratatiné avait dû être beau, autrefois.

Le vieux bedeau du couvent se souvint qu'on l'avait vue arriver ici en février ou en mars 1785. Par ordre de la mère supérieure, on l'avait tout de suite maintenue à l'écart de la communauté dans une vaste cellule depuis laquelle on accédait directement à l'église, par un escalier dérobé. La nouvelle pensionnaire bénéficiait d'un régime spécial. On racontait qu'elle avait fait vœu de silence. Elle ne prenait jamais ses repas en commun mais on portait trois fois par jour des plats finement cuisinés dans sa chambre. Elle pouvait recevoir et lire des ouvrages mondains, et elle bénéficiait d'une cellule plus confortable, mieux chauffée et mieux éclairée que les autres. Elle n'adressait la parole qu'à la mère supérieure avec laquelle elle avait parfois de longs entretiens en privé. Peu de temps après la mort de Catherine II (1795), son régime s'était adouci : des personnages importants venaient la visiter, seul à seul, dans sa cellule.

La ville de Moscou conserve encore les tours et les murs de l'ancien couvent de femmes d'Ivanovo. De vieux livres affirment que « l'antique couvent de filles est situé dans les vieux jardins, sous le bois des Koulichki, en face de l'église Saint-Vladimir ». Si antique qu'en 1763 le descriptif du couvent dit tout simplement : « Quant à la date où ledit couvent fut construit et sous quel souverain, on ne sait rien. » On attribue sa fondation à Ivan III et à sa mère, Hélène Glinskaïa. Les riches dons que de grandes familles y avaient fait l'avaient rendu célèbre dans la Grande Russie. La pieuse impératrice Elisabeth s'était particulièrement préoccupée de l'ornementation de la sainte demeure. Elle la destinait « au refuge des veuves et des orphelines des gens de mérite ».

En fait, en ces temps austères, le couvent d'Ivanovo était à la fois une demeure fortifiée et un lieu de séquestration. Ses murs virent des tsarines répudiées et enfermées de force, des vieilles-croyantes incorrigibles, et la terrible Saltykova [1], ce monstre de cruauté que le peuple avait surnommé l'Ogresse. À l'époque dont nous parlons (1785), elle était enfermée dans un caveau, sous l'église ; il y régnait une obscurité totale. On ne lui apportait une bougie qu'au moment des repas.

En ville, à l'annonce du décès de Dossifeïa, les langues allèrent bon train. On racontait que le vieux

1. Saltykova (1730-1801), grande propriétaire terrienne qui, au long de six années, tortura à mort 139 de ses serfs. Elle fut condamnée à la réclusion à vie.

comte Alexis Orlov avait ordonné à ses cochers de toujours faire un détour de plus d'une verste pour éviter de passer devant ce couvent. Et voilà qu'un jour, un nouveau cocher oublia la consigne et fit passer au petit trot le carrosse devant le mur d'enceinte. Orlov en avait pris une telle rage que le serviteur avait été battu presque à mort. D'autres soutenaient que la défunte avait observé le silence le plus complet pendant vingt-cinq années consécutives. Ceux-ci se voyaient contredits par des gens mieux informés qui disaient tenir les faits d'une demoiselle Varenka Golovina, qui, jeune fille, avait vécu quelques semestres dans le couvent et affirmait que la feue religieuse l'avait distinguée et, très peu de temps avant de mourir, lui avait raconté une histoire étonnante [1].

D'une manière très étrange, la religieuse avait raconté à la jeune Varenka une histoire – *son* histoire – comme si elle parlait d'une autre personne. Mais en même temps, elle s'était exprimée de telle sorte qu'aucun doute ne dût subsister : celle dont elle parlait, ce devait être elle-même. Il y avait autrefois une demoiselle, fille de nobles parents, qui avait été élevée très loin au-delà des mers, dans un pays chaud. Elle avait reçu une éducation brillante et vivait dans le luxe et la douceur. Un jour, elle reçut la visite de gens venus de Russie. Parmi eux se trouvait un grand général russe qui lui proposa une promenade en chaloupe, le long du bord de mer. Elle accepta. Et voici que la chaloupe s'éloigna du rivage, contourna un îlot rocheux derrière lequel se dissimulait un vaisseau de guerre russe. Le général obligea la jeune femme à monter sur le navire. Et là, on l'entraîna de force dans une cabine et l'on posta des sentinelles...

D'ordinaire, les nonnes qui mouraient à Ivanovo

1. Par la suite, cette histoire fut publiée dans les *Annales contemporaines* de 1868, par un certain M. Samguine, neveu de Mlle Golovina.

étaient enterrées dans le petit cimetière situé à l'intérieur du couvent. Mais pour la défunte Dossifeïa, on lui fit traverser tout Moscou à pas lents jusqu'au grandiose monastère de Novospasski dans les caveaux duquel on avait enterré les boyards Romanov avant qu'ils ne montassent sur le trône (en 1613). La crypte de la cathédrale du Sauveur-Transfiguré contenait les ossements des hommes dont le nom avait retenti à travers l'histoire de la patrie, les parents ou alliés les plus proches des Romanov : les Obolenski, les Sitski, les Troubetskoï, les Iaroslavski, les Narychkine, les Kourakine, et tant d'autres.

Et voici qu'il était question d'enterrer l'obscure nonne d'Ivanovo dans le caveau de la famille souveraine! Ni plus ni moins.

Une foule nombreuse se pressait dans la cour du monastère de Novospasski. Au centre, autour du catafalque, les dignitaires en grand uniforme, généraux et officiers retirés du service, fonctionnaires des grades les plus élevés en tenue de parade, toute la noblesse de Moscou et des provinces voisines. Le métropolite Platon Platonovitch Platonov était souffrant, mais il avait envoyé son vicaire, Augustin Dmitrovski. Des choristes vêtus de chasubles rouge et blanc entonnaient d'antiques chants funèbres. Arrivèrent enfin le gouverneur général de Moscou et son épouse, Prascovia Razoumovskaïa. Alors, la longue, très longue cérémonie commença... Ainsi fut enterrée une humble nonne que l'Histoire avait semblé vouloir oublier dans un couvent paisible.

Son tombeau existe encore. C'est le numéro 122, à gauche du clocher, près du mur, côté est. Au début du XXe siècle, on a édifié une chapelle au-dessus du tombeau. La stèle funéraire a disparu de même que le portrait de la nonne. Cette huile sur toile de dix pouces et demi de haut et sept pouces et demi de large représentait le visage de la sainte femme dans la cinquantième année de son âge, environ. En légende, on lisait :

Princesse Augusta Tarakanova, en religion sœur Dossifeïa.
Prit le voile dans le couvent d'Ivanovo de Moscou, où elle
mourut âgée de 64 ans, après de nombreuses années d'une
vie juste et pieuse.
Au monastère de Novospasski sont ses restes.

La toile fut montrée au public lors d'une exposition consacrée aux portraits de personnages célèbres, à Moscou, en 1868. On l'a très souvent reproduite en gravure. De sorte que la mystérieuse physionomie n'est pas inconnue des amateurs de vieux souvenirs ou de recueils d'anciennes revues d'art.

Aujourd'hui, au milieu des ruines désolantes de Novospasski, aux yeux du passant effaré ou ignorant, cette chapelle mal entretenue s'obstine à témoigner du souvenir du personnage, sans doute important et cependant si obscur, que la piété des aïeux prit tant de soin à ensevelir dans ce tombeau jusqu'ici préservé de l'injustice du temps et de l'incurie des hommes.

14.

EXPLICATION DU MYSTÈRE
(Version hypothétique)

Il n'y a pas lieu de douter que la nonne d'Ivanovo fût réellement la fille d'Elisabeth Ire, et tous les historiens qui s'intéressent à cette époque admettent que les restes de la princesse Augusta Tarakanova reposent effectivement au monastère de Novospasski. Mais la plus grande incertitude demeure quant aux voies qui l'ont menée à Ivanovo. Il est permis de supposer qu'elle ne s'y rendit point d'elle-même à trente-neuf ans ; et que, vraisemblablement, ce ne fut pas de sa propre volonté qu'elle y demeura ensevelie pendant les vingt-cinq dernières années de sa vie...

Force est donc de *supposer* les circonstances qui entraînèrent cette « prise par corps ». La première de toutes relève de la logique la plus simple. À savoir que le décès de la mystérieuse prisonnière de la forteresse Pierre-et-Paul, quoique propre à apaiser les angoisses de Catherine II, ne les supprimait cependant pas complètement. En effet, la maladroite tentative d'imposture entreprise depuis Venise par la belle inconnue – et surtout par les puissances hostiles à la Russie, qui cherchèrent à se servir d'elle – dut faire comprendre à celle qui avait détrôné un authentique descendant des Romanov que son siège suprême ne deviendrait réellement assuré que lorsque la véritable fille d'Elisabeth Ire tomberait en sa puissance. La seconde circonstance réside dans le fait que personne à la Cour de Pétersbourg non plus que dans toute la Russie ne savait dans quelle partie de l'Europe résidait Augusta. À travers la multitude des principautés allemandes, on avait perdu la trace de Johanna Schmidt et du vieux professeur Dietzel; on ne savait pas même si ce dernier était encore en vie.

Il importait donc de retrouver la princesse. Pour ce faire, il convenait de lancer sur sa piste un limier habile – troisième circonstance. On peut imaginer également, sans tomber dans l'invraisemblance, que l'impératrice qui résidait alors à Moscou, prétextant quelque maladie susceptible de la tenir clouée au lit (et donc qui pût justifier qu'elle ne fût visible à personne), se rendit secrètement à Pétersbourg et visita la femme presque mourante, comme quelques historiens en font l'hypothèse; alors, « la vile dévoyée » lui eût révélé son « secret ». Et ce secret eût fort bien pu contenir l'indication du pays dans lequel vivait la dernière des Romanov. Quoi qu'il en fût, seule une personnalité comme Josep de Ribas pouvait s'acquitter d'une mission aussi difficile...

Explication du mystère

A la mi-janvier 1776, la bru de l'impératrice fit une fausse couche au cours de laquelle la mère et l'enfant périrent. Paul, le fils de Catherine, se retrouvait sans femme et sans descendance. Du coup, l'avenir de la dynastie devenait d'autant plus incertain que la véritable héritière des Romanov existait quelque part et que les Polonais mécontents ne se laisseraient peut-être pas décourager par leur échec avec la fausse Augusta, et pourraient être tentés d'entreprendre une opération du même genre avec la vraie.

Dans les derniers jours de février, Catherine convoqua Ribas au palais de l'Ermitage.

Le rusé Espagnol s'était rapidement adapté aux usages de la septentrionale cité. Il venait d'épouser une jolie suivante de l'impératrice, Nastenka Sokolova, fille illégitime du riche comte Betski. La souveraine allait le charger d'une affaire délicate :

– Nous savons que vous avez accompli une mission secrète pour le comte Orlov, dit Catherine, et que sur son ordre vous avez tenté de vérifier les faux bruits qui couraient sur la prétendue fille de la feue impératrice.

– Comme daigne le souligner Votre Majesté : « la prétendue fille d'Elisabeth Ire », car aucune Augusta ne saurait exister, bien entendu.

« Quel plaisir que d'avoir affaire à un homme intelligent », se dit la maîtresse de l'empire, qui précisa son intention :

– A présent que la fausse héritière est morte, je vous charge d'une mission en tout point analogue à celle que l'amiral eut le bonheur de vous confier, mais relative à la *véritable* Augusta, cette fois.

– C'est trop d'honneur que me fait Votre Majesté. Mais Votre Majesté songe-t-elle que je suis un jeune marié, à présent ?

– Parfaitement. Emmenez votre épouse avec vous, de la sorte vos voyages y gagneront un air d'innocence qui ne pourra qu'être propice à votre entreprise; et la petite Nastenka découvrira d'autres horizons que les ciels plombés de la Baltique. Mais tout d'abord, je vous suggère d'aller voir un certain Polonais. Voici un sauf-conduit que vous remettrez au prince Golitsyne pour qu'il vous donne accès...

– Votre Majesté a en vue M. Domanski, je présume.

– Votre perspicacité force mon admiration, monsieur Ribas. J'ai l'intention de gracier ce personnage et de le renvoyer dans son pays, compte tenu de sa jeunesse et, aussi, du fait qu'il s'était laissé prendre dans les filets de cette fieffée intrigante... Mais il n'en sait rien encore.

– Je rends grâce à la miséricorde de Votre Majesté. En somme, je pourrai donc lui annoncer sa prochaine mise en liberté... en échange, je suppose, en échange d'informations précises sur le lieu où demeurerait la fantastique personne?

– C'est un véritable plaisir de vous commander une mission délicate, cher monsieur Ribas. Et ensuite vous vous rendrez dans ce lieu, par tous les moyens et détours que vous jugerez bons.

– J'ai compris, Votre Majesté. Je vérifierai sur place l'exactitude desdites informations. Et par quelle voie vous rendrai-je compte de la progression et des résultats de mon enquête?

– Par pli secret que vous adresserez ou déposerez dans tous les consulats à votre convenance.

Les Nouvelles de Saint-Pétersbourg laissèrent passer un entrefilet ainsi rédigé : *M. de Ri..., un noble espagnol qui visitait notre pays depuis quelques mois, vient de quitter la capitale en compagnie de son épouse et d'un domestique, à destination du royaume de France où il dit avoir des attaches familiales.*

Ribas ne rentra à Pétersbourg que dans la soirée du 22 juin de la même année. Il s'en fut aussitôt rendre compte de sa mission à l'impératrice. Ce soir-là, elle assistait d'un œil débonnaire à une partie de *macao* qui se jouait entre les intimes de son cercle et les ambassadeurs de France, d'Angleterre et de Suède, à deux tables d'un petit salon de l'Ermitage. Les gagnants puisaient à l'aide d'une petite cuiller en vermeil des diamants et des perles contenus en vrac dans une cassette posée au milieu de chacune des tables.

« C'est ainsi que je me plais à enrichir les gens qui m'entourent et me sont fidèles, songeait Catherine. Je me livre à ce genre de libéralités le plus souvent possible afin que le bruit de la générosité de la " Sémiramis du Nord " ébahisse les cours d'Europe. »

– Ah ! Voici Ribas ! s'écria joyeusement l'impératrice tout en se levant pour aller à la rencontre de l'émissaire et l'entraîner dans un cabinet particulier. On raconte que vous étiez en Europe... Est-ce bien vrai ?

– Parfaitement, Votre Majesté. Parfaitement, et mes affaires y sont à jour.

– Ah ! Ah ! Alors ? Comment s'est passé ce voyage ? Nastenka, votre heureuse épouse, y a-t-elle découvert les charmes du monde occidental ?

– Tout à fait, Votre Majesté. Après bien des aventures dans plusieurs petites cités, j'ai enfin réussi à rencontrer une certaine personne...

– Oui ? Alors ? Comment est-elle ?

– Jeune encore, saine de corps, le visage...

– Que nous importe son visage ! Sait-elle qui elle est ?

– Bien sûr.

– Et ses intentions ? Vous a-t-elle parlé de ses intentions ?

– Ses intentions sont on ne peut plus paisibles, Votre Majesté. Elle ne nourrit aucune ambition. Elle se borne à cultiver des rosiers dans les jardins de son manoir et à faire des confitures.

– Pensez-vous qu'elle puisse être l'instrument de... d'un... ?

– Je ne dispose point des éléments nécessaires pour me prononcer sur ce point, convint honnêtement Ribas. Mais si Votre Majesté s'abaissait à requérir mon avis ordinaire, je dirais néanmoins que son existence hors de *nos* frontières ne répond pas aux intérêts de l'État.

– Cela, nous le savons. Croyez bien que les intérêts de l'État, nous en faisons notre affaire et le souci constant de nos pensées. Telle est bien notre fonction impériale. Donc, ce que vous avez pu tirer au clair, vous aurez la tâche de l'expliquer par le détail à l'homme de confiance que je vous enverrai. Nous ne savons pas son nom, car il faut d'abord que nous réfléchissions à la question et que nous le choisissions avec sûreté. Nous vous le ferons savoir en temps opportun. De toute façon, il n'y a pas urgence. Nous vous remercions pour votre dévouement, monsieur Ribas.

Le 25 juin 1776, l'ambassadeur de France écrivait à Paris : « Je note le récent retour, à la Cour, d'un nommé José de Ribas, d'origine espagnole. Personnage discret, au caractère bien trempé, et qui me paraît tout à fait susceptible d'accomplir des missions secrètes. Il a épousé, au début de l'année, une des suivantes favorites de l'impératrice. Il avait disparu peu de temps après son mariage. On raconte ici que le couple était parti en voyage de noces en Espagne ; mais ce pourrait bien être en Italie, plutôt. Sa Majesté songe à combler de bienfaits cet étranger. Elle envisage même de lui donner une haute distinction ; mais pour ne pas heurter l'opinion des courtisans, on est en quête d'une raison de poids qui puisse justifier ce geste de grande bienveillance. On murmure qu'une recommandation du roi d'Espagne produirait le meilleur des effets [1]...

Nous sommes à Tsarskoïe Selo, près de Saint-Pétersbourg, en juin 1777. La tsarine et sa confidente, la vieille Maria Savvichna, sont accoudées au balcon du palais et goûtent la douceur du soir tout en regardant les élégants qui déambulent dans les allées du parc récemment ouvert au public. La conversation familière roule sur les courtisans en général et plus particulièrement sur les anciens favoris.

– Ce qu'ils recherchent tous, ces ambitieux, avec leurs grands airs et leurs ronds de jambe, c'est à partager le pouvoir avec toi, ou au moins à en recueillir une partie ; et certains ne rêvent que de te le ravir complètement. Mais tu es habile, tu les vois venir. Tu ne te laisses pas faire.

– Tout de même, tout de même, Maria ! Tous n'en ont pas qu'après ma puissance ou ma gloire. Le comte Alexis, par exemple... Même si, tant pour faire plaisir à Potemkine que parce qu'il devenait encombrant, je l'ai écarté des affaires, il me demeure attaché, ne crois-tu pas ?

– Sans doute, Petite Mère, sans doute. Il se terre à Moscou et s'efforce de digérer la pilule que tu lui as si joliment dorée en lui octroyant le titre de Tchesmenski en même temps que tu le mettais à la retraite à l'âge de quarante ans. Il n'en va pas de même de son frère Grigori...

1. La carrière de Ribas fut des plus avantageuses. En 1784 il participa avec Potemkine à la conquête de la Tauride. En 1798, en qualité de général, il prit la forteresse turque de Hadji-Bey, sur l'emplacement de laquelle sera édifiée Odessa. Durant les dernières années du règne, il accéda au grade de vice-amiral de l'escadre de la mer Noire. Dans ses *Mémoires*, le comte Langeron note : « Grâce à son intelligence, il est devenu un bon général et même un honnête homme. »

– Ah oui ! Grigori, que devient-il ? Je crois qu'on parle de lui en ce moment.

– Pour sûr qu'on en parle ! Il est devenu complètement fou ! Voici qu'il se met en tête d'épouser Katka Zinovieva, la dame d'honneur, sa cousine germaine ! Rends-toi compte, ma colombe : sa cousine germaine ! C'est contrevenir à la loi sacrée, presque un inceste...

– Tu as raison, Maria. Il court à sa perte. Quelle mouche l'a piqué ?

– Il a trente-trois ans et elle dix-sept... Il paraît que Potemkine a l'intention de rassembler le Conseil, sitôt que Grichka sera marié. Ils annuleront le mariage et les dépêcheront chacun dans un couvent.

– En effet, mon Potemkine sait se servir de son esprit de décision pour masquer sa jalousie et ses haines. Il déteste les Orlov. Dis-moi, Maria, est-il aimé, mon Potemkine, dans le pays ?

– Comme il aime les Orlov.

– Eh quoi ! Un tel homme est indispensable à la marche des affaires. Il faut toujours qu'il y ait un homme que l'on déteste. C'est alors, seulement, qu'un monarque peut être bienfaisant...

Presque un an après, en juin 1778, le Conseil se prononça sur la question du mariage de Grigori Orlov. Puis, Panine et Viazemski vinrent à Tsarskoïe Selo faire ratifier la décision.

– Le Conseil a décidé à l'unanimité..., commence Panine, d'un ton solennel.

« Vraiment ! songe Catherine, ce pauvre Nikita Panine ne changera plus, à son âge. Il se gargarise toujours de l'importance du Conseil. Ce jouet lui apparaît comme l'embryon d'une possible et future limite au pouvoir autocratique. Seul le tombeau redresse les bossus... »

– Le Conseil a décidé à l'unanimité de dissoudre le mariage de Grigori Orlov et de vouer les deux époux à la repentance dans un couvent. Cette décision a été prise à la majorité absolue, Petite Mère.

– Seul le prince Kirilla Razoumovski a voté contre, rectifie Viazemski. Il a dit comme ça : « Il n'y a pas si longtemps, vous auriez tous été heureux qu'Orlov vous fît seulement l'honneur de vous inviter à son mariage. Rappelez-vous les usages de nos mêlées : on ne bat pas un homme à terre. »

– Kirilla est un noble cœur, soupira la tsarine.

– La majorité absolue, répéta Panine comme s'il n'avait pas entendu. Je prie Votre Majesté de ratifier la décision.

– Non. Je ne peux pas. Ma main s'y refuse.

– Mais, Majesté ! C'est une décision du Conseil. Du Conseil ! Il avait été question de libre expression de la volonté...

– Mon pauvre Panine, le poids des ans vous guette. Je ne peux pas... Dispensez-m'en, messieurs. Ne me faites pas souffrir.

C'est alors que Viazemski sauva la situation.

– Je vais te le dire tout simplement, Petite Mère : si tu ne le peux pas, ne le fais pas. Nous sommes tous tes esclaves. Nous ferons ce que ton cœur te dicte.

– Ah ! Vous voyez bien, comte Panine, qu'il y a moyen de s'arranger...

Dans le courant du mois de juin, Catherine convoqua le prince Orlov. Celui-ci fut introduit par l'officier de liaison Simon Zoritch, le nouveau favori de l'impératrice, parfaitement ignare mais fort bel homme. Orlov entra et se mit tout de suite à genoux.

– Pourquoi ? Pourquoi ne m'as-tu rien dit, Grigori ? A quoi bon ces secrets ?

– Je n'osais pas, Petite Mère. Je n'osais pas t'avouer... cette autre femme..., chuchota Orlov d'une voix entrecoupée de sanglots.

D'un geste tendre, elle lui effleura les cheveux.

– Ah ! tu sembles oublier que je suis toujours ton

amie. Ta bonne vieille amie, d'abord; et qu'ensuite je suis l'impératrice. Et puis... et puis il y a tout notre passé, tout notre amour, tout ce que nous avons vécu ensemble... Ah! Grigori, Grigori!... Tiens, vois l'oukase du Conseil. Qu'allons-nous faire, à présent? C'est le divorce ou le couvent.

– Non! Majesté! supplia le prince, toujours à genoux. Non! Elle m'a sorti de l'abîme... C'est un ange incarné... Elle est ma consolation... Elle s'appelle Catherine, comme toi. Chaque fois que je prononce son nom, c'est de toi que je me souviens. C'est toi que j'aime... Je n'aime que toi... Que toi! Tu le sais bien... Ma vie entière.

« Dieu qu'il est naïf! se dit Catherine. N'empêche que c'est bien agréable à entendre... »

– C'est bon, calme-toi, Grichka. Calme-toi. Voilà ce qu'on va faire : je ne ratifierai pas la décision du Conseil. Je fais même mieux : ta jeune épouse, je l'élève du rang de dame d'honneur à celui de dame d'État.

– Ah! Petite Mère! s'écria Grigori en se jetant à terre. Tu me sauves la vie!

– C'est te montrer comme je ne suis pas jalouse, malgré tout ce qui s'est passé entre nous, fait remarquer la tsarine en le relevant et en lui caressant les cheveux contre ses genoux. Et pourtant! que ne vais-je pas devoir endurer à cause de toi, prise entre Potemkine et Panine...

– Catherine, ma Petite Mère, tu m'arraches aux ténèbres..., gémit Orlov comme un insensé.

– Cependant, mon Grichka il faut que tu m'aides.

– T'aider? Que puis-je faire pour toi? Tout! Demande-moi tout ce que tu veux. N'importe quoi. Je le ferai, je le ferai!

– Il y a une femme qui vit à l'étranger, Grichka... Une femme... Un danger pour moi. Un terrible danger.

– Une femme, un danger? Où est-elle? Une femme dangereuse pour toi? Alors elle est dangereuse pour nous aussi. Ce qui te menace, nous le combattons.

– Il ne faut point lui faire de mal, mais la ramener en Russie.

– Je la ramènerai. Je la ramènerai, fût-elle au bout du monde.

– Ah, Grichka, tu es courageux, mais simplet. C'est une mission fort délicate...

– Je l'enlèverai.

– Ton frère a déjà fait quelque chose dans ce genre, autrefois. Il aurait pu recommencer avec cette femme-ci; mais à cause de cela il est *persona non grata* en Italie. Il y risquerait même l'assassinat ou l'empoisonnement. Or j'ai besoin de vous vivants, les Orlov, vous êtes mon appui...

– Je ferai tout ce qu'il faudra. Je ne ménagerai ni ma peine ni ma vie. J'ai vaincu la peste à Moscou. Qu'est-ce pour moi que de ramener une femme?

– Voilà comment on va faire. Il faut sur cette affaire garder le secret le plus absolu. Tu vas aller voir Ribas, un homme sûr, qui t'expliquera toutes les données. Tu partiras en Italie avec lui. Il te guidera. Il connaît les lieux. Elle habite une petite bourgade du Sud, pas très loin de l'Adriatique. Tu procéderas comme ton frère. Tu gagneras sa confiance, puis tu l'inviteras à faire une promenade en chaloupe. Un vaisseau t'attendra quelque part, à proximité. Tu la feras monter à bord et vous cinglerez vers la mer Noire. Voilà.

– Gagner sa confiance, dis-tu? Comme fit Alexis? C'est que... que je suis marié. Ma femme...? Euh... ma femme...

– Eh bien quoi, ta femme? Il faudra qu'elle se fasse une raison. C'est une « raison d'État »... Et ne t'ai-je point dit que j'ai fait de ta femme une « dame d'État »?

– Tu es merveilleuse, Petite Mère. Tu penses à tout.

– À tout. Et notamment à te dire le nom de ta future capture : Augusta. Augusta Tarakanova.

Le prince leva sur la souveraine un regard épouvanté.

– Oui, Grichka. Elle existe... Le vieux Razoumovski a menti.

– Autrefois, j'aurais beaucoup donné pour entendre cela ! dit Grigori en éclatant de rire. Mais c'est entendu, je te la ramènerai, Petite Mère, je te le jure.

Elle prit l'oukase, le déchira à moitié et le lui tendit.

– Lis-le à loisir, ce décret du Conseil. Afin de te mieux souvenir de l'amour que te portent tes amis... Tu déclareras que tu pars pour la Suisse en voyage de noces, que tu vas saluer à Ferney les mânes de Voltaire dont je viens d'apprendre le décès.

Au palais d'hiver, en ce matin grisâtre d'avril 1779, la souveraine vient de se lever. Tout en distribuant des biscuits de Hollande à ses levrettes, elle chantonne :

Chaque pays
M'est paradis
Mon doux ami
Où je te suis...

Entre Maria Savvichna qui demande familièrement :

– As-tu bien dormi, mon petit cœur ? Que chantes-tu là ?

– C'est une poésie que la femme de Grigori Orlov a composée en Suisse, puis elle l'a mise en musique le mois dernier, quand ils sont rentrés de voyage. Et déjà cette charmante chanson est en vogue dans toute la ville.

– Ah, oui ! Le couple nous est revenu tout drôle de l'étranger, commente la vieille commère. Dimanche dernier, le prince Chtcherbatov est allé les visiter. Leur table est devenue tout à fait modeste : des pommes de terre à l'eau, des cornichons et de la perdrix froide. Voilà comment il a dîné, le prince Chtcherbatov. La jeune dame Orlova ne sort jamais. Ils restent tous les deux calfeutrés. La casaque de Grichka ne porte plus ni brocart ni boutons dorés.

– Lui qui était autrefois un vrai gandin !

– Depuis son retour, elle s'est mise à tousser. Un mal de poitrine, probablement. Il paraît qu'ils ne font rien que de se lécher le museau à longueur de journée, révéla Maria en baissant la voix. On raconte que son mal, elle l'aurait contracté en Suisse ou en Italie, parce que là-bas, Grigori, il serait tombé amoureux d'une belle étrangère, avec laquelle il sortait tout le temps, il la promenait en calèche, en gondole, est-ce que je sais... Et alors, forcément, la petite Katia en a pris ombrage, et elle est tombée en langueur...

– Ah ! ma pauvre Maria Savvichna ! conclut l'impératrice d'un ton indulgent. L'amour... C'est bien triste, tout de même. Grigori me demande la permission de repartir pour l'étranger, pour prendre les eaux. Il veut soigner cette malheureuse...

– À peine sont-ils rentrés qu'ils veulent repartir, en somme.

– On dirait. Dis-moi, Maria, que fait-on d'une icône à laquelle on tient beaucoup, mais qui s'est défraîchie ?

– Euh... je suppose qu'on la brûle, Petite Mère.

– Pas du tout. Tu as beau être née en Russie, tu n'en connais pas tous les usages. Lorsqu'une icône a perdu de ses couleurs, *on la met à l'eau.* Ce qui fait que le prince et sa femme pourront repartir dès qu'ils le voudront. Aux eaux ! Ha ! ha ! Aux eaux !

Entre, éternellement en retard avec son éternelle cuvette, la jolie servante Catherine Ivanovna.

– Au nom du Christ! Pardonne-moi, Petite Mère. Je ne me suis pas réveillée..., bredouille-t-elle, en papillotant de ses yeux bridés à demi ouverts.

– Ah! ma mignonne, ronchonne la tsarine, pour la forme. Tu verras quand tu seras mariée... Il faudra bien que tu te lèves. Parce que ton mari, lui...

Comme la plupart des femmes qui servirent Catherine II en qualité de domestiques privées, la jolie Ivanovna ne se maria pas; elle ne retourna jamais dans sa Kalmoukie natale. L'impératrice n'aimait point à changer de serviteurs. Ses servantes vieillissaient près d'elle, heureuses et comblées.

Tout en faisant sa toilette, l'autocrate jette un coup d'œil par la fenêtre. Une brume flotte sur la Neva qui paraît large et enflée.

– Tiens, on dirait qu'il y a une inondation. Les quais sont recouverts...

– Eh oui, Petite Mère. Une grosse inondation. Il paraît que les glaces du lac Ladoga ont fondu d'un seul coup. Ça a fait monter les eaux pendant la nuit.

L'impératrice passa dans son cabinet de travail. Au début de l'après-midi, Panine arriva tout offusqué.

– Majesté! une nouvelle grave: les ambassadeurs de plusieurs pays, par exemple ceux de Saxe, de Wurtemberg, de Prusse, communiquent dans des dépêches que nous avons interceptées que *la femme que vous savez* a péri dans son cachot, du fait de l'inondation de cette nuit.

– De *quelle* femme s'agit-il, comte Nikita?

– De celle qui a usurpé le nom de l'*autre,* et que le comte Alexis fit amener de Livourne... Celle qui est *déjà* morte. Ce qui fait que les dépêches sont complètement mensongères.

– Et ce qui prouve qu'ils ne savent point, en Europe, que nous détenons l'*autre.* Au fait, l'eau ne la menace pas, elle, au moins?

– Elle est à Schlusselbourg, précisa le comte Viazemski. A plusieurs toises au-dessus du niveau des eaux.

– Nous devons sans tarder démentir ce bruit absurde, poursuivait Panine.

– Démentir? Et pourquoi donc?

– Mais rendez-vous compte, Majesté, l'Europe, ses journaux, son opinion publique... les libéraux... C'est que les dépêches racontent qu'on l'y a laissée exprès. Exprès pour qu'elle s'y noie!

– Bah! C'est faux, et alors? Ah! comte, ce sont là des sottises. Autrefois, je m'ingéniais à gagner les faveurs de l'opinion publique de l'Europe. J'entretenais une correspondance avec Voltaire, avec les frères Grimm, avec Diderot... Mais j'ai compris qu'il n'est point besoin de se donner tant de mal. L'approbation de l'Europe « éclairée », on la gagne par de précieux cadeaux, ou tout simplement contre argent comptant. Nous avons mal agi? Soit! Eh bien, cela va nous coûter un peu plus cher, voilà tout. Tout rentrera bientôt dans l'ordre et notre règne n'en sera que mieux considéré.

– De sorte que, pour l'instant, laissons-les médire, comte Nikita! résuma Viazemski dans son coin.

– Parfaitement. Et pour le reste, nous pouvons être tranquilles, messieurs, conclut Catherine II. Les circonstances ont fait que je viens de mettre la dernière main à mon personnage de pièce de théâtre le mieux réussi : la princesse Tarakanova... morte lors de l'inondation [1]! Quant à Augusta, par contrecoup, elle est bien une ombre sans visage, à jamais enterrée à Schlusselbourg.

1. La légende s'est révélée tenace. En 1864, une exposition de peinture présenta une toile de Flavitski : *La Mort de la princesse Tarakanova, lors de l'inondation de Saint-Pétersbourg, en 1778.* Ce tableau, devenu très célèbre, montre une belle femme vêtue des haillons d'une robe jadis somptueuse; elle est debout sur le châlit; le flot terrible monte déjà à ses pieds, et les rats grimpent sur la litière.

Mais la souveraine se trompait.

Le prince Grigori Orlov et son épouse partirent pour la Suisse à la fin du mois d'avril. Là-bas, malgré les soins dont elle était entourée, la santé de la jeune princesse ne s'améliora pas ; et même, à l'entrée de l'hiver, elle s'aggrava brusquement. Katia Orlova mourut à Lausanne. Elle fut enterrée dans la cathédrale. On y peut voir encore sa tombe de marbre noir. Grigori en conçut un très vif chagrin.

La nouvelle surprit beaucoup les courtisans, à Pétersbourg. Le prince Orlov, ce grand noceur, ce séducteur des femmes les plus brillantes de la capitale, ce champion de la jeunesse dorée, ne pouvant supporter la mort de son épouse... Mais la stupeur fut à son comble quand Grigori revint en Russie en janvier 1783, et que l'on constata à l'évidence que le prince avait sombré dans la folie. L'impératrice eut lieu de s'alarmer.

– Que dit-il ? Que raconte-t-il ? demandait-elle à son conseiller le procureur Viazemski.

– Arrivé avant-hier dans la capitale, le prince Grigori a échappé à la surveillance de ses frères. Il a erré dans la ville, visité de façon impromptue ses amis, et dit Dieu sait quoi...

– Que dit-il ? Est-ce qu'il a parlé de... de...

– Il parle du châtiment de Dieu, de l'obligation où il se trouva de trahir sa femme par devoir envers la souveraine, et de bien des choses sans suite.

– Et d'Augusta ? Il a parlé d'Augusta ?

– Il paraît que oui. Mais son langage est si décousu qu'on peut gager que personne n'y a rien compris. Ainsi, dans sa folie, il est arrivé chez le prince Chtcherbatov à qui il a demandé la main de sa nièce... Et aussitôt, il l'a adjuré de la lui refuser, sous prétexte que la malédiction divine est sur la tête de Grigori Orlov. C'est dire. Chtcherbatov a dû ordonner à ses gens de l'expulser.

– Bah! Au fond, pourquoi attacher une telle importance au délire d'un malade? hasarda l'impératrice. Et que fait le comte Alexis, si avisé d'habitude?

– Le comte et ses frères ont couru la ville pendant la nuit, à sa recherche. Ils ne l'ont trouvé que ce matin, titubant à moitié mort de froid. Ils l'ont installé dans leur traîneau et, à toute bride, l'ont emmené chez eux, à Moscou.

– Eh bien, tout va pour le mieux. Il suffit que le comte Alexis réponde de la conduite de son frère, et comme cela rien ne transpirera au sujet d'Augusta. Fais-lui savoir que je le tiens pour *pleinement responsable* de la conduite et des paroles de son frère.

Les portes du palais du comte Alexis, à Moscou, sont maintenues soigneusement closes et gardées depuis trois mois. On veille à ce que le malheureux fou ne s'échappe point par la ville. Les jours de beau temps, il se promène dans la cour et rôde près des écuries. Les belles écuries de coursiers et de trotteurs qui font la fierté d'Alexis. Précisément, pour tenter de distraire son aîné, Alexis décrit la splendeur des fêtes et des bals moscovites, lesquels, à l'en croire, ne le cèdent en rien au faste pétersbourgeois. Grigori fait mine d'écouter. Tout à coup, il questionne :

– Toi aussi, tu t'es marié, hein? Tu t'es marié! Montre-la-moi, ta femme.

– Ma foi... Il faut bien faire une fin, comme on dit. Alors, pendant que tu voyageais à l'étranger...

Alexis ordonne à un palefrenier d'aller appeler Mme Orlova. Apparaît au bout d'un moment une jeune femme menue et modeste, au visage ingrat exprimant une douce simplicité. Il fait les présentations : « Evdokia – Mon frère Grigori. » La jeune femme salue et, sur un signe discret de son mari, se retire.

– Alors? tu l'as vue. Certes, elle est laide, mais soumise, car élevée à l'ancienne. C'est-à-dire dans le respect du mari. Devais-je en choisir une belle ou une bonne? Des belles, j'en ai vu des quantités, j'en ai choisi une bonne.

– Tu fais bien le joyeux, Aliocha, constate l'aîné d'un air sombre. Mais tu n'as point tant lieu de te réjouir. As-tu des enfants?

– Pas encore, non... Mais nous espérons...

– Tu n'en auras jamais! Jamais! Dieu ne t'en donnera point, car tu en as trop envie. C'est pour te punir. Pour nous punir, tous. Nous punir de nos crimes, de nos trahisons...

– Allons bon! voilà que tu te remets à délirer.

– Je ne délire pas. Je sais ce qui nous accable, toi et moi : la malédiction divine pour avoir mal agi. Nos crimes..., nos trahisons..., ces femmes... Hein! ces femmes que nous n'avons séduites que pour les envoyer pour toujours au cachot!

– Calme-toi, Grichka, calme-toi. C'est fini... Du passé... C'est loin...

– C'est loin? Comment ça, loin? Elle n'est pas loin, ma défunte femme. Elle est tout près, elle me suit, elle m'observe, elle me hante... Sa conversation me manque. Tu ne peux pas savoir ce qu'elle me manque, Alexis. Quand j'enfouis mon visage dans ses robes, quand je respire ses flacons, alors elle me parle...

– Elle te parle?

– Oui, elle me parle. Elle me dit : « Vous autres les Orlov, vous ne connaîtrez pas le bonheur. Vous êtes maudits. Ce sont vos péchés et vos crimes qui m'ont enlevée à toi. Ce sont vos plaisanteries, vos très mauvaises plaisanteries. »

– Allons! allons! Reviens à toi, Grichka. Reprends tes esprits.

– Oui, Aliocha, oui. L'empereur de toutes les Russies, il t'avait demandé de lui redonner de l'air, de le laisser promener dans le parc. Et toi, tu as plaisanté... bien plaisanté, pour sûr... Tu l'as pris à la gorge, hein? Et avec *Elle,* hein? Avec *Elle* aussi, tu as bien plaisanté, n'est-ce pas? Tu lui as d'abord joué la comédie de l'amour puis tu l'as livrée à Cronstadt pour qu'elle y meure. Pour qu'elle y meure de consomption, comme ma femme... Ça ne te dit rien, ça? Tu n'y vois point de coïncidence?

– Euh... non... Quelle coïncidence?

– Eh! eh! C'est que moi aussi, suivant ton exemple, j'ai pris le risque de plaisanter, eh! eh! Moi aussi, je l'ai séduite et je l'ai trahie, l'*Autre.* Moi aussi, je lui ai proposé une petite promenade en chaloupe, eh! eh! Et maintenant elle croupit dans un cul-de-basse-fosse, la pauvre innocente. Tu le sais bien. Hein! Avoue que tu le sais qu'elle est totalement innocente, *celle-là!*

Il saisit le bras du comte et le serre très fort.

– N'est-ce pas que c'était une fameuse plaisanterie, hein?

– Que veux-tu dire, mon pauvre Grichka? Lâche-moi, voyons. Tu me fais mal.

– Ce que je veux dire, c'est qu'on ne plaisante pas avec la vie d'une femme à qui on fait croire qu'on l'aime. C'est ma défunte épouse qui me le dit. Elle me le répète tous les soirs, toutes les nuits. Parce que, elle aussi, elle en est morte... De me voir si joliment plaisanter avec l'*Autre,* ça lui a fait un choc... Ça lui a fait un choc. Elle est tombée en mélancolie et elle est devenue poitrinaire.

– Voyons, voyons, Grichka. Ça va aller mieux. Te voici parmi nous. Nous t'aiderons... Tu oublieras. On oubliera...

– Tu mens! Elle me dit tout. Elle me dit : « Vous êtes tous deux des criminels! Des criminels et des esclaves. Voilà ce que vous êtes! » C'est *la vraie* que j'ai ramenée, moi. Ha! ha! C'est *la vraie,* et elle m'a pris à la gorge. Ha! ha! Comme tu le fis à l'empereur. Ha! ha! Écoute, Alexis, je vais bientôt rejoindre ma défunte épouse... Pour que *dans l'autre monde* je souffre moins, il faut absolument que celle qui nous a menés en esclaves, que celle qui a saccagé nos vies la sorte de la forteresse, l'*Autre,* tu entends! Je la connais, Augusta. Elle est douce comme un pauvre petit oiseau apprivoisé. Qu'elle la sorte de Schlusselbourg et l'installe dans un couvent. Un couvent où son secret sera aussi bien gardé, mais où elle pourra respirer, voir un peu le soleil, écouter le chant des oiseaux.

– Alors, toi aussi..., toi aussi...? s'exclame Alexis avec compassion.

– Oui. J'ai répété ta plaisanterie. Entièrement. De la chaloupe au navire et du navire à la forteresse. Ah! si tu l'avais vue! Si tu m'avais vu! Mon Dieu dans quel enfer me suis-je mis, à cause de cette plaisanterie. Et cette satanée plaisanterie, ma femme ne l'a pas supportée. Quelle pitié! et quel remords! Tu ne peux pas savoir, Aliocha. Tu ne peux pas savoir...

– Mais si, mon frère, mais si. Si tu crois que pour moi ce fut facile...

– Alors, si tu me comprends, promets-moi que lorsque j'aurai rejoint ma pauvre défunte à qui j'ai fait tant de peine, promets-moi que tu iras voir celle de Pétersbourg. Tu iras la voir et tu lui diras : « Voilà comment sont les choses, Petite Mère, ton ancien amant m'a enjoint de te dire de la sortir de cette abominable forteresse et de la placer dans un couvent. Il m'a enjoint de te dire d'exécuter son vœu. Sinon, il te maudira dans l'autre monde, car c'était son désir de mourant. » Voilà. Tu lui diras cela. Tu me le promets?

– Je te le promets, Grichka. Je te le jure, même. Mais, mourir... Voyons, ne crains-tu point Dieu?

– J'ai toujours été le premier d'entre vous. Le premier-né, le premier à être élevé en grade, le premier auprès du trône. Il est normal que je meure le premier. Je te le demande au nom du Christ. Ne me surveille pas. Il faut que j'aille rejoindre ma pauvre petite. Si tu ne me procures pas de poison, je me fracasserai le crâne, Aliocha. Ou pis : je me rendrai à Pétersbourg, et je l'égorgerai, la Majesté. Je l'étranglerai au milieu de ses ors et de ses vases à fleurs!

Alexis ne dit mot. Les deux frères se regardèrent longuement, comme pour un ultime adieu. Finalement, le prince éclata d'un grand rire et s'exclama :

– Eh bien, voilà... Dieu merci... Comme grand-père, tu te souviens? Envoie-moi un bon coup de pied pour faire rouler ma tête.

Grigori mourut le 12 avril 1783. En portant un toast à ses quatre frères, à la fin d'un repas, il s'abattit sur la table au milieu de la vaisselle d'argent et des verres de cristal. On l'enterra en grande cérémonie au couvent du Don.

Beaucoup plus tard, l'omniscient secrétaire de l'ambassade de Saxe, le baron Georg von Gaelbitz, décrira dans son livre, *Les Favoris russes,* tous les détails des derniers jours et de l'enterrement de Grigori Orlov. Il indiquera sans équivoque aucune que le comte avait été empoisonné. Ce qui aura pour effet de beaucoup irriter Catherine II.

Alexis Orlov tint parole. Il laissa s'écouler une pleine année avant d'effectuer le voyage à Pétersbourg. C'est qu'il attendit que la situation de l'empire incitât la souveraine à l'euphorie. Et puis ses amours allaient bon train. Elle venait de s'enticher d'un nouveau favori, jeune, beau, pas très malin et complaisant à souhait. Enfin, elle éditait une revue, *L'Interlocuteur,* dont elle était l'unique rédactrice. En accueillant aimablement son visiteur, la tsarine s'enquit de sa vie familiale, de sa femme.

– Elle se porte bien. Merci, Petite Mère. Seulement, nous n'avons point d'enfant. Je pensais qu'elle me donnerait un fils. C'est une jeunette. Qui prolongera notre lignée?

– Tu as quand même un fils, Alexis.

– Hum! Un rejeton illégitime, Majesté. Je te remercie de veiller à son avenir. Mais pas de descendance véritable. Nous étions cinq frères, et aucun héritier. Pas un. La conséquence de nos péchés, sans doute...

– Allons, dis-moi l'objet de ta visite.

– Le péché, Petite Mère. Ôte le péché de nos âmes. Je suis venu te transmettre la demande de mon frère. Il l'a formulée avant de mourir. C'est son testament, en quelque sorte. Hum... voilà... D'abord, sais-tu comment il est mort?

– Épargne-moi, Alexis. Épargne-moi ce récit. Si tu savais comme j'ai pleuré! Quand j'ai appris la nouvelle, j'ai passé une semaine au lit, comme une chiffe molle.

– Eh bien, voilà la volonté de Grichka : que tu *la* sortes de prison. Que tu *l'*arraches de cette forteresse abominable. Qu'*elle* demeure dans un couvent, bien cachée. *Elle* est humble, douce; *elle* ne présente aucun danger pour toi, pour nous... Pardonne à ton esclave ces folles paroles. Mais accède à la volonté d'un mourant qui exécuta fidèlement tout ce que tu lui ordonnas.

L'impératrice regardait d'un œil froid et dur l'homme à la balafre.

– Et moi aussi, je t'ai toujours obéi fidèlement. C'est pourquoi je t'en supplie : accède au vœu de mon défunt frère. Je t'en supplie. A présent, j'ai même peur de passer devant la forteresse de Schlusselbourg... C'est te dire! Je n'ai aucun goût à la vie. Nous nous sommes acquittés des missions que tu nous a confiées. Alors accède..., accède. Consens. Pour nos péchés. Pour nos souffrances...

– Ces missions! bondit l'impératrice avec une fureur soudaine. Ces missions, je ne vous les ai confiées que parce que je ne portais point vos culottes! C'est une malédiction que d'être née femme, quand on se trouve à la tête de ce pays.

– Acquitte-toi de la dernière volonté d'un mourant qui te servit fidèlement, Majesté. C'est le souhait d'un mort, pour l'apaisement de son âme, pour notre salut...

– C'est vrai que vous fûtes mes mains et mes yeux, dit-elle en se radoucissant. Qu'eussé-je été si je ne vous avais pas eus à mon entière disposition à tout moment, en tout lieu? Eh bien, soit! Puisque le héros de Tchesme craint de passer devant la forteresse de Schlusselbourg, il aura à craindre, désormais, de passer devant le couvent d'Ivanovo.

15.

LA DERNIÈRE ENTREVUE

Dix années passèrent. Une époque disparaissait. Malgré toute leur superbe, Viazemski, Golitsyne, Graig, Radzivill, Potemkine, étaient descendus au tombeau.

Pour l'instant, Catherine et Alexis Orlov étaient toujours en vie. Ils vieillissaient, elle à Pétersbourg, lui à Moscou. On appelait très rarement le comte dans la capitale, à présent. Mais avec le temps, un lien affectif avait fini par rapprocher les deux compagnons, lien que confortait sans doute l'éloignement. L'impératrice écrivait souvent à son ancien complice des moments difficiles. Elle éprouvait pour lui une affection adoucie par l'âge, et chaque fois qu'elle savait que le héros de Tchesme séjournait dans la capitale, elle se faisait un plaisir de le recevoir et de s'entretenir longuement avec lui.

Comme pour lui rappeler qu'elle tenait toujours à son féal serviteur, Catherine aimait à envoyer au Balafré de petits présents luxueux, telle cette tabatière représentant le monument qu'on avait jadis élevé à la gloire de l'amiral, et qu'elle avait accompagné de ce petit mot familier : « J'aurais rempli la tabatière du tabac qui pousse dans mon jardin. Mais je crains qu'il ne sèche en cours de route. »

Alexandre Gribovski, le secrétaire de Catherine à cette époque, écrivit dans son journal intime : « Bien qu'il soit à la retraite et vive à Moscou, le comte Orlov jouit des faveurs particulières de la souveraine... Il lui écrit régulièrement et reçoit toujours une réponse, écrite et signée de la main de notre tsarine. Lors de sa dernière visite, le comte nous a amené Anna, sa très jeune enfant. Je n'avais jamais vu le comte. Mais à sa haute taille, un peu voûtée, à son torse massif, à la cicatrice qui raye sa joue gauche, j'ai tout de suite reconnu le héros de Tchesme.

En automne 1794, le comte rencontra sa chère souveraine pour la dernière fois. Il se rendit à Tsarskoïe Selo, accompagné d'une petite fille de huit ans en robe de mousseline blanche et parée de diamants.

– Quelle mignonne fillette ! s'exclama l'impératrice ravie. Alors, c'est elle, la *véritable* héritière ?

– Oui, Majesté... Anna, ma fille. Sa mère est morte en couches. Elle est orpheline, somme toute. Je lui ai engagé un gouverneur, des professeurs. Mais qui peut remplacer une mère ?

L'autocrate redoutée déposa un baiser sur le front de l'enfant effrayée.

– J'ai entendu dire combien ton père te vénère, Annouchka. Ah ! que tu as de la chance d'avoir un papa comme le tien. Sais-tu que nous devons à ton père une bonne part de l'éclat de notre règne ? C'est lui, ce brave à jamais immortel dans la mémoire des hommes, qui nous a conseillé d'envoyer notre flotte dans l'archipel et qui a fait brûler l'escadre turque.

La jeune Annouchka manifesta beaucoup plus d'intérêt pour les levrettes de son impériale hôtesse que pour le sort des navires turcs. « Oui, dit Catherine II, d'une voix attendrie. C'est cela. Va jouer avec les toutous. Faites connaissance : c'est la descendance de sir Tom Anderson cadet... » D'un air plein de gravité, la fillette s'approcha de la corbeille et tendit timidement la main. Les chiens jappèrent joyeusement.

– Ah, mon ami, dit l'impératrice en se tournant vers le comte. Crois-en ma prédiction : cette jeune fille promet beaucoup de bonnes choses.

Après la mort de son père, et devenue à vingt-quatre ans la propriétaire de la plus grande fortune de Russie, Anna Orlov refusa de nombreux partis. Elle passa sa vie dans les jeûnes et les prières, comme si elle avait voulu laver sa famille des péchés de son père et de son oncle. Elle finit par acheter une terre proche du couvent de Iouriévo-de-Novgorod. Sur ce domaine s'élevait une simple gentilhommière dont elle fit sa demeure permanente. Elle faisait de fréquents séjours au couvent de Iouriévo, où elle avait fait translater les dépouilles de son père et de ses oncles Grigori et Fédor.

L'impératrice soupira :

– Comme tes visites sont rares, Alexis. Il m'arrive souvent de penser à nous, à notre vie... On me dit que c'est le propre de la vieillesse. Nous aurons vécu jusqu'à la révolution... Dieu nous a punis, Alexis. N'avons-nous point vu la populace couper la tête à un roi chrétien, sous le regard des autres souverains quasi indifférents? Te rends-tu compte?

– Eh oui! Une bien triste époque, Petite Mère. Les nouvelles qui nous parviennent de France sont bien désolantes. Mais qu'y pouvons-nous? Qu'y pouvons-nous? C'est si loin.

– Pas si loin que cela. Là-bas, ils cherchent à exporter le mal. Ils ont allumé un incendie qui va ébranler la civilisation. Je te le dis! C'est que tout a commencé devant nos yeux, Alexis, et nous n'avons point su y prendre garde. Souviens-toi comme je prêtais une oreille attentive aux belles phrases que nous débitaient les philosophes français sur la Liberté, sur les Lumières... Souviens-toi. N'est-il point cocasse, tout compte fait, que moi qui consacrai ma vie entière à l'idée et au renforcement de l'autocratie, j'eusse répété les méchantes ratiocinations de ces Français hypocondriaques? les Rousseau, les Diderot, les Holbach, les Voltaire, les D'Alembert... Dieu préserve la Sainte Russie d'une telle malédiction!...

Une porte secrète s'ouvrit et laissa passer un beau jeune homme brun, du style « Français élégant ». Catherine lui sourit et le présenta au comte :

– Voici Platon Zoulov... Mon nouveau génie. Il embellit si bien ma vieillesse, ma solitude. Ah! l'éternel printemps...

Le beau jeune homme sourit en rentra précipitamment dans le mur. Le comte fit une grimace.

– Oui, je sais, convint l'impératrice. Il est bien jeune, fantasque. Presque un enfant... Tu dois l'impressionner. Rends-toi compte : se trouver devant le vainqueur de Tchesme, pour un si jeune être... Au fait, comte, je veux toujours te demander, pourquoi vis-tu seul? Ta femme est morte depuis longtemps. Tu es en bonne santé. Ne crois-tu pas que cela vaudrait mieux pour ta fille?

L'impératrice eut un regard attendri pour l'enfant qui se roulait à quatre pattes avec les chiens.

– Décide-toi, comte, j'aime tellement arranger les mariages.

– Je ne peux pas! s'écria pitoyablement le comte. Après *Elle*, tout a été fini. J'ai pris une épouse, certes. J'ai cru que cela irait... je l'ai même prise laide, dans l'espoir que ça me ferait *L'*oublier. Mais rien n'y a fait. Tout est vide.

Catherine considéra son vieil ami avec ahurissement, tandis qu'il chuchotait pour que la gamine n'entende pas :

– C'est comme si elle m'avait fait boire un philtre. Je ne peux l'oublier. Voilà où en sont les choses : de toute ma vie, je n'ai jamais aimé qu'*Elle.*

– Mais... mais de qui parles-tu, Alexis?

– Quelle question, Petite Mère!

– Je ne vois pas, non...

– Se pourrait-il que tu eusses oublié? Non? Majesté, enfin...

– Hé! mon cher Alexis, s'exclama l'impératrice d'un air bienveillant. Nous avons créé ou conquis trente provinces, édifié cent cinquante villes nouvelles, signé quarante traités de paix. Et que de guerres, que de batailles, que de victoires! En plus de cela, nous avons écrit de la prose, des vers, des pièces..., correspondu avec les plus grandes têtes pensantes de l'Europe... Comment veux-tu que je puisse me souvenir de tout?

Elle se mit à rire gentiment. Puis elle dit avec une simplicité non dénuée de tendresse :

– Non vraiment..., non. Ne te fâche pas, Alexis. Au nom du Christ. Mais, je ne me souviens pas, non.

Le ravelin Alexis n'est plus qu'un recoin où pousse la folle avoine et où s'amoncelle la neige quand souffle la tempête pendant les rudes nuits de l'hiver russe.

La chapelle abandonnée du monastère du Sauveur n'est qu'une ruine; et un monceau de pierrailles, la cellule du couvent d'Ivanovo. Le temps a passé qui a pris soin, jour après jour, année après année, génération après génération, d'effacer jusqu'à la trace des joies et des douleurs de ces êtres qui nous ont précédés. Leurs rêves, leurs espoirs, leurs ambitions, leurs intrigues, leurs triomphes, leurs crimes et leurs bienfaits, tout a disparu, tout n'est que souvenirs. Souvenirs épars dans quelques vieux livres, dans certaines liasses poussiéreuses des archives...

La princesse Tarakanova

Ou aussi dans quelques mystérieuses vieilles demeures à moitié croulantes. Là, traînent parfois, oubliés des rôdeurs, quelques vieux bibelots qui firent la joie ou l'usage quotidiens de ces êtres presque complètement engloutis dans le fleuve d'oubli. Des bibelots au passé somptueux, tel ce chandelier ancien : elle penche languissamment son ravissant visage vers l'écran d'argent, et elle interroge le sort. Elle ne détache plus les yeux du petit bassin à la surface duquel flottent de tout petits navires portant chacun une bougie allumée. Elle interroge le sort...

TABLE

Cet ouvrage a été réalisé par la
SOCIÉTÉ NOUVELLE FIRMIN-DIDOT
Mesnil-sur-l'Estrée
pour le compte des Éditions Denoël
en Janvier 1992

Imprimé en France
Dépôt légal: janvier 1992
N° d'édition : 3395 – N° d'impression : 19295